AF451763

LA COMÉDIE POLITIQUE EN EUROPE

PAR

DANIEL JOHNSON

TRADUIT DE L'ANGLAIS PAR A. MAZON

PARIS

E. PLON ET Cie, IMPRIMEURS-ÉDITEURS

RUE GARANCIÈRE, 10

1880

Tous droits réservés

LA

COMÉDIE POLITIQUE

EN EUROPE

L'ouvrage original anglais a été édité à Londres, par MM. Sampsou Low, Marston and Cᵒ, 188, Fleet street.

PARIS. TYPOGRAPHIE DE E. PLON ET Cⁱᵉ, RUE GARANCIÈRE, 8.

LA
COMÉDIE POLITIQUE

EN EUROPE

PAR

DANIEL JOHNSON

TRADUIT DE L'ANGLAIS

Par A. MAZON

PARIS

E. PLON et Cie, IMPRIMEURS-ÉDITEURS

10, RUE GARANCIÈRE

—

1880

Tous droits réservés

Ce livre est dédié à l'homme d'État dont la politique a le plus contribué à mûrir la Démocratie européenne :

AU PRINCE CHANCELIER D'ALLEMAGNE !

L'auteur envoie particulièrement le témoignage de ses sympathies à la Démocratie allemande et désire ardemment qu'elle acquière la sagesse et l'esprit pratique indispensables à son triomphe, lequel peut seul rendre la paix et la sécurité à l'Europe.

Daniel JOHNSON.

Denver-City, 1er janvier 1880.

PROLOGUE

POLICHINELLE AMÉRICAIN.

Daniel JOHNSON, auteur de la pièce.

Jean DURAND, Français résidant en Amérique.

PROLOGUE

La scène représente une place publique à Denver-City (Colorado). On
aperçoit dans le fond des arbres et un théâtre de marionnettes.
Grande foule autour du théâtre.

POLICHINELLE AMÉRICAIN, sur le théâtre de marionnettes.
— Décidément, les choses vont mal en Amérique
pour le pauvre Polichinelle. Si cela dure, j'irai me
plaindre au Suprême Président, celui qui a la tâche
ingrate de gouverner le genre humain tout entier,
noirs et blancs, sirs et ladies, hommes et bêtes, de
la concurrence déloyale que me font mes confrères
d'Europe. Oui vraiment, Punch, Hans Wurst [1],
Arlequin, Petrowska, vous tous qui paradez de l'autre
côté de l'Atlantique, vous abusez! Voilà des années que vous cassez bras, jambes et têtes en os et
en chair, sans être suffisamment rossés à votre tour,
tandis que le pauvre Polichinelle américain, pour
avoir cassé quelques têtes et jambes de bois ou de
carton, sous l'influence d'un légitime verre de
wisky, est lynché sans jugement. Dieu n'est pas
juste, et je vais demander à l'illustre locataire de la

[1] Jean Saucisse : c'est le Polichinelle allemand.

Maison Blanche de me faire obtenir un ticket pour l'Europe où tous mes pareils sont sur des trônes, portent des casques ou des plumets incommensurables, ont des escortes toutes dorées et étincelantes, sont traités de Hautes et Gracieuses Majestés, d'Altesses ou d'Excellences Sérénissimes, et jouissent enfin de toute la considération et de tout le respect qui s'attachent à ceux qui savent rosser leurs semblables comme ils le méritent.....

(Polichinelle disparaît. — Rires et applaudissements dans l'assistance. — Deux des spectateurs se détachent du groupe qui entoure le petit théâtre et viennent sur le devant de la scène.)

JOHNSON. — Ne me trompé-je pas? C'est vous, Jean Durand!

DURAND. — Moi-même, mon digne ami!

JOHNSON. — Vous revenez d'Europe! Vous avez pu y constater la justesse des doléances de notre polichinelle. — Écoutez! Bien souvent, en regardant ce théâtre de marionnettes, j'ai pensé à la triste comédie que l'Europe donne au monde. Cette idée a si bien trotté dans ma tête qu'il en est sorti un beau jour, comme Minerve de la tête de Jupiter, un grand drame bourré d'histoire et de fantaisie, lequel — modestie à part — prêche le bon sens mieux qu'on ne le fait habituellement dans la langue des pédants et des diplomates. Si bien que j'ai eu l'audace d'en faire hommage au théâtre de Denver-City. Enfin, chose étonnante, celui-ci, malgré les longueurs, l'absence des règles didactiques et les vérités crues qui caractérisent mon œuvre, s'est décidé à la représenter. Or, malgré le soin que j'ai mis à étudier les événements, il y a des lacunes pour lesquelles votre intervention pourrait m'être utile. Vous venez d'Europe ; vous avez vu de près ce que je juge de loin ; vous serez ma Providence, Jean Durand, si vous consentez à être mon souffleur. Puis-je compter sur votre concours ?

DURAND. — Oui, mais vous allez évoquer dans mon âme de Français de bien tristes souvenirs.

JOHNSON. — Vous aurez la satisfaction d'entendre flétrir ces prétendus grands hommes qui sont simplement aux mains de Dieu ce que le bourreau est aux mains de la justice humaine. Les grands événements ne se jugent bien que de loin. Ce n'est pas trop de la distance qui sépare le mont Harvard[1] de l'Europe et un cerveau américain d'un cerveau européen pour bien apprécier le spectacle des guerres allemandes.

DURAND. — Dites-moi quelques mots au moins de votre plan.

JOHNSON. — Voici. Premier acte : Bertrand et Raton.

DURAND. — Bertrand et Raton !

---

[1] a plus haute montagne du Colorado.

JOHNSON. — Oui! Avez-vous oublié la fable du singe et du chat?

DURAND. — Je comprends. C'est la Prusse et l'Autriche en Danemark! — Allez!

JOHNSON. — Second acte : Bertrand mange Raton.

DURAND. — C'est trop juste. — Raton l'a bien voulu.

JOHNSON. — Troisième acte : Bertrand guette un deuxième Raton qui aurait dû l'empêcher de manger le premier. — Et il le mange à l'acte suivant!

DURAND. — En attendant de manger les autres. Car Raton, c'est le nom le plus commun parmi les diplomates. Pauvre France! Tu n'as que trop expié ton aveuglement et ta vanité. Quel triste dénoûment!

JOHNSON. — Ce n'est pas le dénoûment. Il y a cinq actes comme dans toute tragédie qui se respecte. Mais il faut bien laisser quelque chose à votre curiosité et à celle du public qui nous écoute.

DURAND. — Vous avez raison. Je suis tout à vos ordres.

JOHNSON. — Et maintenant, ladies et gentlemen, accordez-nous votre attention, votre indulgence, et *go ahead,* à la grâce de Dieu!

FIN DU PROLOGUE.

PREMIER ACTE

GUILLAUME Ier, roi de Prusse.

Le comte OTTO BISMARCK VON SCHOENHAUSEN, son premier ministre.

Le colonel HERZOG, de la garde royale prussienne.

TRUBE, chef de police, agent de Bismarck.

LOREMBERG, banquier israélite, agent de Bismarck.

Le docteur FURST, pangermaniste.

M. WALTER, négociant de Berlin.

Madame WALTER, sa femme.

PETRUS WALTER, leur fils, lieutenant, puis capitaine de la garde royale de Prusse.

WILHELMINE, leur fille, mariée à M. Didier, Français.

Le baron DE MONTALBAN, diplomate français.

LOUISE, sa fille, amie de Wilhelmine.

Madame GOSCHEN, gérante d'une brasserie à Berlin.

JOHANN, artilleur, son fils.

FLORA, sa fille.

SCHWARTZ, président de la Société d'étudiants *le Fortschrittsverein*.

UN CHEF DE BRASSERIE.

HERZ, ouvrier socialiste.

FLITZ, né en Amérique d'un Allemand naturalisé Américain, neveu de Madame Goschen.

ARISTIDE, son domestique noir.

DANIEL JOHNSON }
JEAN DURAND } hors l'action.

PREMIER ACTE

PREMIER TABLEAU

UNE FAMILLE ALLEMANDE EN 1863, AVANT LA
GUERRE DU SCHLESWIG-HOLSTEIN

Le théâtre représente le salon de M. Walter, à Berlin. — L'action se
passe la veille de Noël.

SCÈNE PREMIÈRE.

M. ET MADAME WALTER ET LEURS ENFANTS.

UNE JEUNE FILLE DE QUINZE ANS. — Bonjour, petit
père. Le ciel verse sur vous ses bénédictions !

M. WALTER. — Que Dieu te protége, ma fille !
(Il l'embrasse.)

UNE AUTRE FILLE PLUS JEUNE. — Bonjour, papa !
(Chaque enfant s'approche du père et de la mère, qui les embrassent
tendrement.)

MADAME WALTER. — Autour des absents maintenant ! Voici une lettre de Max. Il nous écrit de
Vienne qu'il va bien, sa femme et ses enfants aussi,

1.

et qu'ils espèrent venir l'été prochain. En attendant, ils envoient leurs souhaits affectueux et des baisers pour tout le monde.

UNE DES PETITES FILLES. — Petite mère, tu diras à frère Max que Lili l'embrasse sur ta joue. (Elle l'embrasse.)

TOUS LES ENFANTS. — Et nous aussi !

MADAME WALTER. — Lina[1] écrit de Londres qu'elle regrette de ne pouvoir assister à cette fête de famille ; la santé de son mari l'en empêche.

UNE DES FILLES. — C'est étonnant qu'il ne soit pas venu de lettre de Paris. Est-ce que Wilhelmine serait malade ?

PETRUS. — A quelle époque remonte sa dernière lettre, ma mère ?

MADAME WALTER. — A une quinzaine environ.

PETRUS, prenant sa mère à part. — Vous parle-t-elle de mademoiselle de Montalban ?

MADAME WALTER. — Tu es donc toujours amoureux de cette jolie Française, Petrus ?

PETRUS. — Plus que jamais, ma mère.

MADAME WALTER. — Et as-tu lieu de supposer que tu ne lui déplais pas ?

PETRUS. — Je l'espère.

MADAME WALTER. — Allons ! voilà deux nouveaux mariages en perspective dans notre famille !

---

[1] Abréviation de Carolina.

PETRUS. — Deux mariages! quel est donc l'autre ?

MADAME WALTER. — Ah! c'est vrai. Nous ne t'avions pas encore dit que ton frère Joseph espère épouser une charmante personne de Copenhague, la propre fille de son patron.

M. WALTER. — Dieu bénit notre famille. C'est la récompense des leçons de vertu et de travail que je vous ai données et que vous avez su pratiquer. Suivez toujours, mes enfants, la voie droite, travaillez et craignez Dieu, et ses bénédictions ne vous manqueront pas. (On entend du bruit. — La porte s'ouvre.)

SCÈNE II.

LES MÊMES, WILHELMINE ET LOUISE DE MONTALBAN.

UN DES ENFANTS. — C'est Wilhelmine! Quelle heureuse surprise! (Elle lui saute au cou.)

PETRUS. — Elle n'est pas seule. Louise!... Mademoiselle! (Il s'approche avec empressement de Louise.)

WILHELMINE. — J'ai voulu vous surprendre, et une de nos aimables amies, mademoiselle de Montalban, que j'ai l'honneur de vous présenter, a bien voulu m'accompagner.

LOUISE. — Mon père arrive ici demain, venant de Saint-Pétersbourg, et j'ai été heureuse de profiter de la compagnie de madame Didier pour venir le surprendre à mi-chemin.

PETRUS. — Il ne sera pas le seul, mademoiselle, que vous aurez surpris agréablement. Voyez avec quelle cordiale sympathie vous êtes reçue ici par tout le monde.

WILHELMINE, gaiement. — Allons, chère amie, quittez ces airs étonnés. Vous verrez que la Prusse n'est pas si sauvage qu'on le croit à Paris. Donnez votre main française à toutes ces petites mains allemandes. C'est par l'amitié des familles que viendra celle des nations.

MADAME WALTER. — Personne alors n'aura plus contribué que nous à la paix générale, car j'aurai bientôt des petits enfants dans presque toutes les capitales de l'Europe.

WILHELMINE, bas, à Madame Walter. — Et qui sait, ma mère, ce que l'avenir vous réserve encore sous ce rapport?

M. WALTER. — Comment se fait-il que Joseph n'ait pas écrit? (On apporte une lettre.)

UNE DES FILLES la prenant et la portant à son père. — Une lettre! C'est de Copenhague, mon père! (Le père la lit; sa figure se rembrunit.)

MADAME WALTER, vivement. — Serait-il malade?

M. WALTER. — Non, tiens, lis!

MADAME WALTER, après avoir lu. — La guerre avec le Danemark! Serait-ce possible?

PETRUS, d'un air satisfait. — Ah! C'est là ce que vous écrit mon frère Joseph! C'est plus que possible, ma mère, c'est certain. Les Danois oppriment nos frères allemands des Duchés avec trop de sans gêne. Il faut que cela ait un terme, et tout le peuple allemand ira joyeux et le cœur léger à cette guerre sainte!

MADAME WALTER. — Ah! Petrus, on peut subir la guerre avec courage, mais il ne faut jamais parler d'y aller avec joie, car la plus juste et la plus glorieuse est encore un horrible malheur.

WILHELMINE. — Ma mère a raison, et c'est toujours avec chagrin que je me suis aperçue des sentiments belliqueux de Petrus. Voyons, mon frère, pour être un brave soldat, il suffit de bien défendre son pays s'il est attaqué, sans être animé de sentiments hostiles à l'égard des autres.

LOUISE. — Je suis avec vous, chère amie, contre toutes les guerres et toutes les fausses gloires.

PETRUS. — Bon! Vous attaquez la guerre, et vous commencez par former contre moi une coalition. Je suis vaincu : la paix!

WILHELMINE. — Nous l'accordons, à condition qu'on la laisse à tout le monde.

MADAME WALTER. — Tiens, mon fils, voilà une guerre qui n'est qu'en perspective, et déjà elle menace de briser l'avenir de ton frère. Joseph écrit que tout est bien changé pour lui. Son futur beau-père et sa fiancée elle-même lui montrent une froideur de mauvais augure. Sa situation, déjà fort pénible, deviendra complètement impossible si la guerre a lieu. Sa lettre est des plus tristes, car il aime beaucoup cette jeune Danoise.

PETRUS. — Cela prouve qu'elle ne l'aimait pas.

WILHELMINE. — Vous êtes injuste, mon frère. J'ai vu cette jeune personne dans mon dernier voyage à Copenhague, et je dois rendre hommage à ses qualités et à la délicatesse de ses sentiments.

LOUISE. — Vous pensez donc, monsieur Petrus, que les hommes seuls ont le droit d'aimer leur pays ?

PETRUS. — Je ne veux rien penser, mesdames, qui puisse vous déplaire. Encore une fois, je baisse pavillon, et je regrette vivement les nuages que la lettre de mon pauvre frère Joseph est venue jeter sur notre joie commune.

MADAME WALTER. — Attention, enfants !

(La porte du fond s'ouvre. — On aperçoit un magnifique arbre de Noël. — Les enfants se précipitent. Le père, la mère et Wilhelmine les suivent.)

SCÈNE III.

LOUISE ET PETRUS.

PETRUS. — Ah! mademoiselle, quel bonheur de vous voir ici, à Berlin! Combien je vous suis reconnaissant.....

LOUISE. — Est-ce que vous vous imaginez, cher monsieur, que je suis venue à Berlin pour vous?

PETRUS. — Je ne suis pas si fat. Il suffirait à mon bonheur de pouvoir croire que vous avez pensé à moi une minute en prenant la route de Berlin.

LOUISE. — Eh bien! soyez heureux! J'y ai pensé une minute, peut-être deux..... et j'ai failli ne pas venir.

PETRUS. — Vous êtes une adorable Française!

(Il veut se jeter à ses pieds. Elle se sauve en riant et va rejoindre Wilhelmine.)

SCÈNE IV.

PETRUS. — LE COLONEL HERZOG.

HERZOG, arrêtant d'un geste Petrus qui veut suivre Louise. — Lieutenant, un mot!

PETRUS. — Vous ici, colonel! (Il salue militairement.)

HERZOG, roide. — Lieutenant, vous avez un frère employé dans une maison de banque de Copenhague?

PETRUS. — Oui, colonel.

HERZOG. — Eh bien! notre gracieux ministre de la guerre, le général de Roon, vient de vous désigner, sur la demande du comte de Bismarck, pour aller à Copenhague en qualité d'attaché militaire près la légation royale. Le ministre vous attend pour vous donner ses instructions.

PETRUS. — J'y cours. Je vais prendre seulement congé de ma famille.

HERZOG. — Quand il s'agit du service du Roi, lieutenant, la famille n'existe plus. (Il l'emmène.)

SCÈNE V.

WILHELMINE ET LOUISE, rentrant dans le salon.

WILHELMINE. — Qu'est donc devenu Petrus?

UN DOMESTIQUE. — Il vient de sortir avec le colonel Herzog.

WILHELMINE. — Il n'a rien dit?

LE DOMESTIQUE. — Rien. Le colonel l'a emmené pour le service du Roi.

LOUISE. — Qu'est-ce qui se passe ici? Le service du Roi était donc bien urgent? Ah! ma chère, je me sens toute dépaysée!

WILHELMINE. — Un peu de patience. Petrus va bientôt nous apporter lui-même le mot de l'énigme. (Un domestique apporte une lettre. Wilhelmine lit :) « Le colonel Herzog von der Kreussen, pour satisfaire au désir exprimé par le lieutenant Petrus Walter, a l'honneur d'informer la famille Walter que le susdit lieutenant sera retenu pendant quelque temps pour le service du Roi, et qu'elle ne doit pas s'effrayer lors même qu'elle ne recevrait pas de ses nouvelles d'ici à plusieurs semaines. *Signé :* le colonel Herzog von der Kreussen. »

LOUISE. — Est-ce qu'on voit souvent de ces disparitions subites en Prusse? Ah! chère amie, il y a quelque chose là-dessous, car cela me donne froid!

DEUXIÈME TABLEAU

—

LA PRÉPARATION DE LA GUERRE CONTRE LE DANEMARK

—

Le théâtre représente l'intérieur du cabinet du Roi, dans le palais royal de Berlin. Le Roi et le comte de Bismarck sont assis à une table.

SCÈNE VI.

LE ROI DE PRUSSE et le Comte de BISMARCK.

LE ROI. — A nous deux, monsieur le comte. Eh bien ! où en sont nos affaires ?

BISMARCK. — Tout va selon nos souhaits, Sire. Le Nationalverein et la vieille radoteuse qui siége à Francfort ont admirablement avancé la réalisation de nos projets. Nos doctes professeurs avaient depuis longtemps préparé le terrain. Les traités de 1326 et de 1460, qui consacrent l'union des Duchés, ne rendaient-ils pas le droit de l'Allemagne aussi limpide que la lumière du jour ? Puisque le

Schleswig ne peut être séparé du Holstein, et puisque le Holstein est allemand, comment l'Allemagne pourrait-elle renoncer au Schleswig? Et puis, était-il possible de ne pas saisir cette occasion de capturer Kiel et d'affirmer hautement notre droit à la mer du Nord, à l'Océan allemand? Aujourd'hui, l'Allemagne entière est soulevée contre le Danemark.

LE ROI. — Mais l'Autriche?

BISMARCK. — L'Autriche! Je l'ai décidée à marcher avec nous.

LE ROI. — Ah!

BISMARCK. — Elle a bien hésité d'abord. Mais pouvait-elle nous laisser, aux yeux du peuple allemand, le prestige de cette entreprise? Votre Majesté comprend maintenant pourquoi je poussais le National-verein et la Diète. Bref, j'ai ici (montrant son portefeuille) une lettre de mon collègue de Vienne qui me promet le concours des forces autrichiennes dès que la Diète aura voté l'exécution fédérale.

LE ROI. — On dit que les Danois veulent évacuer le Holstein pour éviter un conflit.

BISMARCK. — Ils en sont bien capables. Mais cette ruse du tyran de Copenhague ne nous arrêterait pas. Le sentiment national allemand nous pousserait irrésistiblement, l'Autriche et nous, en avant.

LE ROI. — Sans doute; mais ce que je ne comprends pas, monsieur le comte, c'est que vous ayez l'air de favoriser les prétentions du duc d'Augustenbourg. Si nous prenons les Duchés, ce n'est pas, entendez-le bien, pour en faire cadeau à personne.

BISMARCK. — Je n'ai jamais pensé là-dessus autrement que Votre Majesté. Pour moi, comme pour vous, Sire, Augustenbourg est là uniquement pour embrouiller encore plus une question qui cependant peut passer à bon droit pour le plus embrouillé de tous les écheveaux diplomatiques dont l'histoire fasse mention, véritable nœud gordien moderne que doit trancher le glaive prussien. Augustenbourg sera toujours facile à mettre à la porte, en dépit de l'appui de la Diète, après qu'elle et lui nous auront aidés à y mettre les autres. Du reste, les juges de la couronne de Prusse feront preuve, au dernier moment, d'une impartialité sublime : ils débouteront Augustenbourg, Oldenbourg et Brandebourg lui-même.

LE ROI. — Mais alors, le légitime possesseur sera le roi de Danemark.

BISMARCK. — Sans doute. Seulement les juges de la couronne de Prusse ne rendront pas leur jugement avant que le tyran ait renoncé à tous ses droits. Or, comme c'est nous qui, l'ayant chassé, tiendrons les Duchés, bien fin et bien fort sera celui qui nous fera jamais lâcher cette conquête, d'autant plus légitime que nous l'aurons prise à son possesseur légitime.

Le Roi. — Comment nous arrangerons-nous avec nos bons alliés les Autrichiens ?

Bismarck. — Ce sera leur tour plus tard d'être augustenbourgés.

Le Roi. — Augustenbourgés ! Je saisis, vous êtes gai comme un Français ! (Le Roi fait apporter du champagne.) A votre santé, monsieur le comte !

Bismarck. — Je bois à la santé de Votre Majesté !

Le Roi. — A quand l'ordre de mobilisation ?

Bismarck. — Rien ne presse, Sire. Il y a encore bien du papier à noircir. *Cedant arma togæ.* Avant d'essayer sur les Danois nos bons fusils Dreyse, il faut bien faire comprendre à l'Europe qu'ils oppriment les Allemands des Duchés et que nous ne faisons que répondre à leur injuste agression.

Le Roi. — Mais enfin, s'ils ne veulent pas nous déclarer la guerre ?

Bismarck. — Je voudrais bien voir cela !

Le Roi, passant à un autre ordre d'idées. — Vous croyez, monsieur le comte, qu'aucune puissance ne viendra nous gêner dans nos opérations contre le Danemark ?

Bismarck. — Aucune, Sire.

Le Roi. — Les Anglais ?

Bismarck. — Palmerston est trop vieux, et, d'ailleurs, il se sent isolé. L'Angleterre, abandonnée par la France en Crimée, lui a rendu la pareille lors de la récente tentative polonaise, et tout récemment encore au Mexique. Napoléon sera enchanté de cette occasion de faire pièce à l'Angleterre, en nous livrant le Danemark. Diviser les autres ou profiter de leurs divisions : toute la politique est là, Sire.

Le Roi. — Dites aussi que nous avons de fidèles amis dans la reine Victoria et dans le prince consort. Celui-ci est un loyal Allemand qui a compris et cherche à faire comprendre au gouvernement anglais qu'une Allemagne unie, sous la direction de la Prusse, est le véritable boulevard de la liberté européenne, contre la France aujourd'hui et contre la Russie demain, et partant la solution qui répond le mieux aux intérêts britanniques. A ce propos, n'auriez-vous pas sous la main quelque aimable prince allemand pour la plus jeune fille de Sa Majesté Britannique? Les alliances matrimoniales, vous le savez, donnent parfois d'utiles résultats.

Bismarck. — J'y songerai, Sire.

Le Roi. — Il est fâcheux que vous n'ayez pu empêcher le mariage du prince de Galles avec cette petite Danoise, qui ne peut qu'exercer sur lui une funeste influence. Efforcez-vous, du moins, d'empêcher le mariage de sa sœur avec le czarewitch. Ne craignez-vous pas que la Russie nous jette des bâtons dans les roues ?

Bismarck. — Vous avez sur le trône de Russie, Sire, un neveu trop dévoué. Ce n'est pas lui qui nous empêchera de poser les jalons de la route au bout de laquelle tout vrai patriote allemand peut apercevoir la Baltique transformée en lac prussien.

Le Roi. — Et les Français?

Bismarck. — Vous pouvez être tranquille à cet égard. Napoléon est aussi heureux de faire une niche aux Anglais, qu'il redouterait d'avoir à combattre la Prusse et l'Autriche unies. Votre Majesté a-t-elle oublié que, dès 1857, Napoléon III, dans une conversation avec le prince Albert, à Osborne, se déclarait pour l'annexion du Holstein à la Prusse, en exprimant seulement la crainte que l'Angleterre s'y opposât, à cause du port de Kiel? D'ailleurs, le sire de Paris a bien d'autres chats à fouetter en ce moment. En allant au Mexique, il s'est mis au pied une épine dont il sentira toute la gravité quand l'Amérique du Nord aura battu complétement le Sud esclavagiste. Quant à sa guerre d'Italie, n'en disons pas de mal. La théorie des nationalités, qui en a été la cause ou le prétexte, doit être notre grand cheval de bataille. C'est par elle... c'est aussi par nous, par le fer, par le sang, par le feu, que l'Allemagne réalisera son unité.

Le Roi. — Dites plutôt : c'est en se servant d'elle que la Prusse doit conquérir, en Allemagne d'abord, dans le monde ensuite, la place à laquelle lui donne droit sa puissante organisation militaire et que lui assure la bénédiction du Dieu des armées.

BISMARCK. — C'est bien ainsi que je comprends la chose, Sire.

LE ROI.— Car, voyez-vous, monsieur le comte, je goûte médiocrement ces théories de nationalité qu'il faut laisser aux aventuriers comme Napoléon. Si nous avions l'air de trop les prendre au sérieux, que répondrions-nous aux Polonais de Posen, s'ils venaient en réclamer pour eux-mêmes l'application?

BISMARCK. — C'est M. de Moltke qui serait chargé de la réponse.

LE ROI. — N'êtes-vous pas préoccupé, monsieur le comte, de l'opposition du Landtag ?

BISMARCK. — En aucune façon. Triomphons des Danois d'abord, d'autres ensuite, et vous verrez cesser bientôt les criailleries parlementaires. Les libéraux se laissent enivrer, tout comme les autres, par les fumées de la gloire militaire. Les idéologues sont toujours un danger dans un pays. Fort heureusement, ils sont d'ordinaire plus bêtes que méchants. Les nôtres veulent l'unité de l'Allemagne pour faire triompher leurs rêves de liberté. Nous voulons, nous, l'unité, pour mettre à la raison les idéologues qui abusent trop parfois de la tolérance de nos principicules. En plaçant la Prusse à la tête de l'Allemagne, nous placerons l'Allemagne à la tête du monde. On verra alors qui aura été le plus avisé, du rêveur couronné de Paris, avec sa souveraineté nationale, ou de l'auguste monarque qui prit lui-même, à

Kœnigsberg, la couronne sur l'autel, en déclarant qu'il voulait régner par la grâce de Dieu. La politique prussienne ne se base pas sur le sable mouvant des entraînements populaires, mais sur la mission que Dieu a conférée à l'illustre maison de Hohenzollern. Pour la réaliser, il nous faut être forts à tout prix. La force prime le droit.

LE ROI, *versant un nouveau verre de champagne.* — A votre santé, monsieur le comte.

BISMARCK, *se levant.* — *Salve, imperator Germaniæ.*

SCÈNE VII.

LES MÊMES, TRUBE (CHEF DE POLICE), MADAME GOSCHEN, PUIS SON FILS JOHANN.

TRUBE. — Une femme insiste pour présenter elle-même une requête à Sa Majesté.

LE ROI. — Qu'elle entre. (Madame Goschen est introduite.) Mais je reconnais cette dame. C'est l'hôtesse de la grande brasserie des Grenadiers de la garde. Que désirez-vous, madame Goschen?

MADAME GOSCHEN. — Sire, j'ai un fils, que j'aime plus que moi-même.

LE ROI. — Je le connais : c'est Johann... un brave artilleur.

MADAME GOSCHEN. — Eh bien, Sire, je sais qu'il

va partir pour la guerre en Danemark. Autorisez-le, de grâce, à rester à Berlin.

LE ROI, sévèrement. — Votre fils est-il ici?

TRUBE. — Sire, il a suivi sa mère en cherchant à l'empêcher de faire cette démarche.

LE ROI. — Faites-le venir. (Johann est introduit.) Johann, votre mère demande à vous garder ici dans le cas où la guerre éclaterait entre l'Allemagne et un pays voisin. Vous joignez-vous à cette demande?

JOHANN. — Pardonnez à sa tendresse maternelle, Sire. Je demande à combattre au premier rang, pour le Roi et la patrie allemande.

LE ROI. — C'est bien, Johann. Vous partirez des premiers avec le grade de caporal.

JOHANN. — Vive le Roi! Vive l'Allemagne!

————

INTERMÉDE.

(La scène reste vide.)

DURAND, d'une avant-scène. — Je vous fais mon compliment, Johnson. Mais, dites moi, que se passe-t-il à cette heure?

JOHNSON, de l'avant-scène de face. — On égorge un courageux petit peuple, et les gouvernements européens assistent froidement à cette première iniquité de Hans Wurst.

DURAND. — Ils le payeront cher un jour !

JOHNSON. — La guerre des Duchés est terminée, et voici un héros prussien qui en revient !

TROISIÈME TABLEAU

—

APRÈS LA GUERRE

—

Le théâtre représente le jardin de la brasserie des Grenadiers d la
garde, tenue par madame Goschen.

———

SCÈNE VIII.

MADAME GOSCHEN ET SON FILS JOHANN.

JOHANN, en costume de sergent d'artillerie, un œil crevé et
manchot. — Hourrah pour l'Allemagne! Me voilà,
ma mère; nous sommes vainqueurs!

MADAME GOSCHEN, l'embrassant en pleurant. — Oui,
mais comme te voilà arrangé, mon pauvre enfant !

JOHANN. — Ne pleurez pas, ma mère. J'ai payé
ma dette à la patrie. Si j'ai un œil et un bras de
moins, la Prusse a deux provinces de plus.

MADAME GOSCHEN. — Et qu'est-ce que cela me
fait, à moi, si tu es condamné à mener une vie mi-
sérable ? La Prusse en sera-t-elle plus heureuse
elle-même avec ses deux provinces de plus ?

JOHANN. — Ma mère, laissons cela. Vous ne comprenez pas les nécessités de la politique. Comment va Gretchen ?

MADAME GOSCHEN. — Gretchen ! Tu n'as donc pas reçu ma lettre ?

JOHANN. — Serait-elle malade ?

MADAME GOSCHEN. — Ah ! mon pauvre enfant, la nouvelle de tes blessures produisit sur elle un tel effet que, dès le lendemain, elle se mit au lit et...

JOHANN. — Elle est morte ?

MADAME GOSCHEN. — Elle ne souffre plus.

JOHANN. — O mon Dieu ! (Après un moment d'accablement, il relève la tête.) Et ma sœur Flora ? Est-elle toujours occupée à pleurer son fiancé, le pauvre Scholler ?

MADAME GOSCHEN.—Elle a été d'abord désespérée de sa mort. Puis d'une vive douleur elle a paru passer à un calme profond, à une sorte d'indifférence pour tout. On dirait que cette catastrophe a tué en elle toute foi dans la justice divine. Son cœur a subitement vieilli de cinquante ans. C'est sa tranquillité maintenant qui me fait peur.

JOHANN. — Un autre fiancé la guérira de la perte du premier.

MADAME GOSCHEN. — Qui sait ?

JOHANN. — N'est-ce pas elle que j'aperçois là-bas causant avec un jeune homme ?

MADAME GOSCHEN. — C'est elle-même avec le

cousin Flitz, le fils de mon frère l'Américain, qui est venu remplir en Europe une mission pour sa patrie d'adoption et qui est à la veille d'y retourner. Ce noir que tu aperçois est son domestique. Flitz cherche à consoler Flora, et je ne serais pas fâchée qu'il y réussit.

SCÈNE IX.

LES MÊMES, **FLORA**, **FLITZ** ET **ARISTIDE**.

FLORA. — Ah! vous voilà, mon frère! (Elle le regarde froidement.) Allons, criez donc : Vive l'Allemagne ! Scholler a été plus heureux que vous. Il est mort du moins en une seule fois.

MADAME GOSCHEN. — Voilà comment elle parle maintenant! Excuse sa douleur, Johann!

JOHANN. — Pauvre sœur ! (Il l'embrasse.) (A Flitz.) Vous voilà de retour, cousin. Vous arrivez à point pour saluer la première victoire de la renaissance allemande.

FLITZ. — Ah! cousin, n'entamons pas ce chapitre. Je suis un Prussien libéré comme notre illustre Henri Heine, et tout en gardant à la patrie de mon père une affection éclairée, ce n'est pas la politique aggressive et batailleuse de son gouvernement qui me fera regretter d'être entré dans la famille américaine.

JOHANN. — On s'y bat cependant comme ici.

FLITZ. — On s'y bat actuellement, ce n'est que trop vrai, et je conviens que nos discordes civiles donnent un triste spectacle au monde. Mais c'est un accident passager, et l'on ne nous voit pas éternellement sur pied de guerre comme les Européens qui naissent avec un uniforme et un casque, et dont la destinée est de s'entre-dévorer. La guerre terminée en Amérique... et il n'y en a pas pour longtemps... nous ne lutterons plus comme autrefois que d'émulation pour le défrichement des terres et le développement de l'industrie et du commerce. Et, si vous n'y prenez garde, l'Amérique battra sur ce terrain la vieille Europe, encore plus rudement que vous n'avez battu les Danois. Nous ne négligeons pas pour cela la culture de l'esprit et des mœurs. Nous adorons le Dieu de la justice et du travail, tandis que vous en êtes encore, avec l'auguste niaiserie de votre souverain, au Dieu de la force et des armées.

JOHANN. — Pourquoi donc êtes-vous revenu, cousin Flitz, dans ce pays que vous méprisez tant ?

FLITZ. — Si ma belle cousine Flora veut me le permettre, c'est à elle que je le dirai, avec votre permission.

MADAME GOSCHEN. — Nous permettons.

JOHANN. — Au revoir, cousin.

FLITZ, à Aristide. — Laisse-nous.

SCÈNE X.

FLITZ et FLORA.

FLORA. — Que me voulez-vous, cousin ?

FLITZ. — Depuis quinze jours que je suis ici, Flora, ne l'avez-vous pas déjà deviné ?

FLORA. — Oui.

FLITZ. — Et vous répondez ?

FLORA. — Non.

FLITZ. — Pourquoi ?

FLORA. — Dans votre intérêt et dans le mien. Nous nous rendrions mutuellement malheureux. La souffrance m'a trop profondément aigrie. Oubliez-moi, c'est ce que vous avez de mieux à faire.

FLITZ. — J'avais lu dans votre cœur, Flora, avant que vous me l'eussiez ouvert. Je connais vos angoisses et vos doutes. Je vois l'abîme où vous allez, et je peux vous sauver, en faisant mon propre bonheur, pourvu cependant que vous le vouliez.

FLORA. — Mais je ne le veux pas. Allez, Flitz, vous joueriez trop gros jeu. La guerre, qui tue ou mutile les hommes, a souvent pour les femmes de terribles contre-coups. Elle n'a pris qu'un œil et un bras à mon frère. A moi, elle m'a pris le cœur. Je n'en ai plus.

FLITZ. — Venez en Amérique, Flora, et je réponds de votre guérison. Quand vous aurez goûté à cette vie saine et laborieuse de nos campagnes du Far-West, vous vous sentirez revivre. Comme nos Américaines, vous prendrez plaisir à vous reconnaitre et à vous rajeunir dans le spectacle de la petite famille que Dieu vous enverra, à l'aimer, à l'élever et à lui lire la Bible le soir en l'endormant.

FLORA. — Cela est charmant, Flitz, mais ne me tente pas. Je suis incurable comme cette vieille Europe que vous méprisez justement. Méprisez-moi aussi ; car je le mérite. Il me reste encore une vertu, celle de ne pas vouloir tromper un galant homme comme vous. Un instinct irrésistible me porte à me venger sur la société entière du mal que j'ai subi. Vous avez beau dire, le monde est aux plus forts ou aux plus rusés. Adieu, cousin, le mauvais esprit me domine. Souhaitez de ne plus me revoir, de ne plus même entendre parler de moi. (Elle sort.)

FLITZ. — Pauvre fille !

SCÈNE XI.

TRUBE et LOREMBERG. — Ensuite ARISTIDE.

TRUBE. — Connais-tu cette jeune fille qui vient de quitter notre Américain ? Il me semble l'avoir déjà vue.

LOREMBERG. — Certainement, Excellence, puisque c'est la propre fille de madame Goschen.

TRUBE. — Elle a de beaux yeux, Loremberg !

LOREMBERG. — Je ne crois pas qu'elle serait fâchée de vous l'entendre dire. Elle avait un fiancé, tué à Düppel. Il paraît que, dans le cœur des femmes encore plus qu'ailleurs, les extrêmes se touchent; car, après l'avoir pleuré plus fort que de raison, elle manifeste aujourd'hui plus qu'il n'est convenable l'envie de se consoler.

TRUBE. — Ne la perds pas de vue, Loremberg. Nous en reparlerons.

ARISTIDE, sortant de derrière un arbre d'où il a entendu la dernière partie de la conversation de son maître avec Flora. — Massa échappé belle. Blancs décidément bien singuliers. Si Massa laisse tomber bâton, femme prendra et le battra. Ah! ah! ah! Grand fétiche créa blanc pour commander nègre, mais voulut que nègre pût rire en voyant comment miss Flora se moque de massa Flitz. (Il s'éloigne.)

QUATRIÈME TABLEAU

—

UN COMMERS[1] D'ÉTUDIANTS BERLINOIS

—

Le théâtre représente la grande salle de la brasserie *Germania victrix*.
Les garçons de service disposent les tables et les bancs.

———

SCÈNE XII.

ARISTIDE, DOMESTIQUE NOIR ; FLITZ, LE DOCTEUR FURST, UN CHEF
DE BRASSERIE, SCHWARTZ, UN DÉMOCRATE, HERZ, LO-
REMBERG, TRUBE, ÉTUDIANTS.

ARISTIDE. — Maître, écoutez noir parlant respec-
tueusement à vous. Ai entendu dire grande fête ici
ce soir. Verrons renards, loups, Philistins, dispute,
coups, bataille, — grande fête, — musique, —
grande fête.

FLITZ, au chef de la brasserie. — Qu'est-ce que cela
veut dire ?

LE CHEF DE LA BRASSERIE. — Votre nègre, mein
Herr, a raison. La fête de ce soir sera une fête uni-

[1] Ce sont les fêtes solennelles des sociétés d'étudiants allemands.

que en Allemagne. Les étudiants du *Fortschrittsve rein* ont fait à la brasserie *Germania victrix* l'honneur de la choisir pour la grande fête d'initiation de leurs jeunes confrères, les Renards, qui seront élevés au rang de Loups. Par une exception des plus rares, les Philistins, habitués de la *Germania,* seront admis à cette fête scolaire. Seulement ils devront se tenir sur le second rang de tables en dehors de l'enceinte réservée au *Fortschrittsverein.* Voici la table destinée au grand Schwartz, le président du *Verein.* Ce tonnelet de bière que surmonte le buste ventru et souriant de Gambrinus, lui est exclusivement destiné, et vous verrez qu'il l'aura bu avant la fin de la soirée. Voyez son verre, mein Herr, et jugez de son estomac. On dit que le comte de Bismarck seul pourrait le vaincre sur ce terrain. Un Bavarois qui a osé le défier, l'an dernier, est tombé ivre mort au dixième verre. Schwartz lui-même, bien qu'il en eût bu douze, chargea le vaincu sur ses épaules et le porta dans son lit. Entendez-vous la musique du *Verein?* Ce grand blond, avec une écharpe de soie comme un bourgmestre, qui suit le drapeau, c'est Schwartz ! Les étudiants le suivent sur deux files. Il est aisé de les distinguer des Philistins à leurs casquettes de couleur, à leurs justaucorps à brandebourgs, à leurs grandes bottes à l'écuyère. Ce sont les anciens, les Loups. Les Renards ont un veston et la casquette verte. Mais les besoins du service m'obligent à vous quitter. Allez vite prendre une place, monsieur l'Américain, car il n'y en aura bientôt plus. Vous ne regretterez pas votre soirée.

(Les tables se garnissent en un clin d'œil. Les étudiants arrivent, musique en tête. Schwartz s'arrête devant la table qui lui a été réservée. Les Loups occupent le premier rang de tables formant un demi-cercle. Les Renards restent debout pour les servir. Au second rang sont les habitués de la brasserie. On remarque à une table Trübe, dissimulant son visage ; à une autre, le docteur Fürst ; à une autre, Herz, ouvrier socialiste, Flitz et Aristide qui se tient debout derrière son maître.)

SCHWARTZ, élevant sa rapière, et d'un ton solennel. — Honneur à Gambrinus ! Que ses blondes bénédictions coulent toujours à longs flots dans les gosiers altérés du *Fortschrittsverein !* Approchez, Renards à têtes de rainette. Comme premier acte de votre initiation, je vous présente à Gambrinus dont vous devrez célébrer le culte avec ferveur. Par Jupiter ! la bière ne se boit pas de la même main et du même esprit que l'eau. La bière est une liqueur vivante.

> La bière est pour les hommes,
> Et l'eau pour les moulins.

L'esprit doux et violent, bête à ses heures et plus souvent spirituel, que Gambrinus a caché entre les molécules de bière, sait tous les chemins de la tête et du cœur. Cet esprit aime la fumée, toutes les fumées. Gambrinus et Rauch — bière et fumée — sont les premiers dieux d'un bon Loup. Ce sont ses introducteurs auprès de Vénus. Trilogie sacrée d'une académie où les élèves en savent plus que les professeurs. Renards, servez !

(Les Renards remplissent les verres des Loups. Schwartz remplit lui-même son énorme verre au tonnelet... Il promène un long regard dominateur sur l'assemblée, tandis que les Loups frappent en mesure la table avec leurs verres pleins. Tout à coup Schwartz élève son verre, puis il le boit subitement, et termine en donnant un coup de rapière sur la table et criant :)

Paf !

LES ÉTUDIANTS. — Paf !

(Ils boivent leur verre. Les Loups font approcher les Renards qui n'ont pas bu et, par moquerie, leur essuient les lèvres avec leurs casquettes vertes.)

SCHWARTZ lève sa rapière et chante :

> Il était un étudiant
> Non buvant,
> Non fumant,
> Non... aimant,
> Donc sot triplement.
>
> La Mort passant
> Se dit : Vraiment,
> Un tel vivant
> Est attristant,
> Et commanda son enterrement.
>
> Au contraire, tout étudiant
> Fort buvant,
> Fort fumant,
> Fort... aimant,
> Vivra longuement.
> La Mort passant
> Dira : Vraiment,
> Un tel vivant
> Est trop charmant,
> Ajournera son enterrement.

Amis, buvons, fumons, aimons !
Vivent la pipe et les chansons !
Vive Gambrinus !
Vive Vénus !

Chœur des Étudiants.

Amis, buvons, fumons, aimons.
Vivent la pipe et les chansons !
Vive Gambrinus !
Vive Vénus !

UN ÉTUDIANT. — Ta poésie n'est pas riche,
Schwartz. J'aime mieux le vieux refrain :

Gaudeamus igitur
Juvenes dum sumus ;
Post exactam juventutem,
Post molestam senectutem,
Nos habebit humus.
Vivat academia !
Vivant professores !
Vivant omnes virgines
Faciles accessu,
Vivant et mulieres
Faciles aggressu !

Chœur des Étudiants.

Vivant mulieres et virgines
Faciles aggressu !

SCHWARTZ, très-animé :

Vive la beauté !
Vive la gaieté !
Vive la santé !
Bière et chère lie !
Jeunesse et folie !
Amour et combat !
Tapage et sabbat !
Au diable les sages
Et leurs sots propos !

O jeunes visages,
Méditez ces mots
Profonds entre tous :
Les plus sages sont les plus fous !

Chœur des Étudiants.

O mots profonds entre tous :
Les plus sages sont les plus fous !

SCHWARTZ, levant sa rapière. — Casquettes vertes, approchez. Qui es-tu ?

UN RENARD. — Un Renard.

SCHWARTZ. — Que veux-tu ?

LE RENARD. — Recevoir l'initiation des étudiants allemands.

SCHWARTZ. — Quoi encore ?

LE RENARD.— Devenir Loup, bon Loup, du *Fort-schrittsverein.*

SCHWARTZ. — Bien parlé, Renard. Deviens donc Loup.

Par Gambrinus
Et Charlemagne,
Aime Vénus
Et l'Allemagne !

(Schwartz prend la casquette verte du Renard et l'enfile dans sa rapière, en même temps qu'il verse son verre de bière sur la tête du Renard. Même cérémonie pour chaque Renard.)

ARISTIDE, à Flitz. — Massa... tout cela bien singulier. Noirs feraient pas ainsi... Je mourrai de rire... Gâter tant bière !

FLITZ. — Tais-toi, moricaud !

HERZ.— Le noir a raison de se moquer des blancs.

Trube, à Flitz. — Il vaut mieux, mein Herr, faire des folies étant jeune qu'étant vieux. Érasme en louant la folie n'avait pas tort. Le monde serait bien ennuyeux s'il n'y avait que des Socrate et des Lucrèce.

Flitz. — Voilà, mein Herr, une éventualité qui n'est à redouter ni dans l'ancien ni dans le nouveau monde.

Schwartz, brandissant sa rapière. — *Silentium !*

(Les Renards s'approchent un à un et reprennent leurs casquettes enfilées dans sa rapière... pendant que les étudiants répètent le refrain :

Gaudeamus igitur, etc.

Tout à coup, sur un signe du docteur Fürst, un voile qui cachait la statue de *Germania victrix* tombe, et l'on aperçoit *Germania*, l'épée haute et couronnée de laurier. La statue est entourée de lumières. A cette vue, toutes les physionomies se transforment, et l'enthousiasme des étudiants déborde.)

Un Étudiant.

Lève-toi, brave Germain ;
Le tyran de Copenhague
  Donne la schlague
A tes frères du Holstein.
Fais tes adieux à Gretchen,
  Prends ta dague,
Au tyran perce le sein !

Chœur des Étudiants, enthousiastes.

  Prends ta dague,
Au tyran perce le sein !

Un autre Étudiant.

Depuis les sanglantes défaites
De l'héréditaire ennemi,

> L'Allemand s'était endormi
> Dans le repos et dans les fêtes.
> Quel imprudent ose soudain
> Troubler le sommeil germanique ?
> Frères, de la Vistule au Rhin,
> Des Alpes à la mer Baltique,
> Debout ! L'Europe tremblera,
>   Se courbera
>   Devant Germania !

Chœur des Étudiants.

> Debout ! L'Europe tremblera,
>   Se courbera
>   Devant Germania !

SCHWARTZ. — J'aperçois dans l'honorable assistance le docteur Fürst qui est partout où il y a un discours patriotique à prononcer..... et de la bonne bière à boire. Magnifique docteur, nos jeunes Renards, qui ne vous connaissent pas, goûteront d'autant mieux à la source de votre éloquence qu'ils ont un peu abusé de celle de Gambrinus. Rien ne saurait être pour tous plus salutaire qu'un intermède oratoire. Vénérable savant, lumière de l'Université de Berlin, parlez !

LE DOCTEUR FÜRST. — Où est l'Allemagne, frères allemands ? Elle n'est pas seulement dans les pays, malheureusement divisés, que gouvernent des princes allemands. Elle est partout où résonne la langue allemande, partout où battent des cœurs allemands. Il y a des lambeaux de la noble et malheureuse Germania en Suisse, en Hollande, en France, en Russie... et il y en avait naguère en Danemark.

Avec le temps et l'assistance de Dieu, l'épée de l'Allemagne rectifiera la géographie de l'Europe. C'est une lourde tâche dont la Prusse sera le premier et l'invincible ouvrier. L'auguste maison de Hohenzollern a commencé l'accomplissement de sa mission historique en affranchissant les duchés du joug danois. Qui aura l'audace de l'arrêter ? La science allemande lui a préparé les voies. Elle a couronné d'une lumière éclatante les droits que les traités et l'ethnologie confèrent à la nation germanique. Elle a mis en évidence nos anciens griefs contre les ambitieux voisins qui, profitant de nos divisions, ont fondé et opprimé pendant des siècles la sainte terre de la patrie. Nous avons donné une première leçon à l'*Erbfeind* [1] et une éclatante preuve de notre puissance à l'Europe, en 1815, en renversant Napoléon et en occupant sa capitale. Mais que d'injures à venger encore ! Quel cœur allemand a oublié Conradin de Hohenstauffen décapité par les Français à Naples en 1268 ?

FLITZ. — Oh ! oh ! C'est bien vieux ! Êtes-vous son frère ? (Murmures.)

FURST. — Je suis le frère de toutes les victimes allemandes de la tyrannie étrangère. Je suis le frère de tous les habitants du Palatinat incendié par Turenne et les Français, sous Louis XIV. Je suis le

---

[1] L'*Erbfeind* (l'ennemi héréditaire). C'est le nom de la France en Allemagne.

frère de tous les Allemands qui gémissent encore sous une domination étrangère... le frère des Lorrains et des Alsaciens, des Suisses de Berne, de Zurich et de Neuchâtel, des Teutons des provinces baltiques, car tous sont de race allemande; chez tous coule le sang de ce généreux Hermann, contre qui vinrent se briser les légions gallo-romaines de Varus.

(Le étudiants et la salle entière applaudissent avec fracas. Les étudiants se remettent à boire. Fürst vient reprendre sa place à la table voisine de celle de Flitz.)

FLITZ, à Fürst. — Voulez-vous me permettre, magnifique docteur, de vous communiquer une réflexion qui m'a traversé l'esprit pendant votre éloquente improvisation ?

FURST. — Parlez.

FLITZ. — Mon bisaïeul était un réfugié français, de la révocation de l'édit de Nantes. Il épousa une Prussienne à Berlin. Je suis né, moi, à Spandau, d'un père allemand, naturalisé Américain, et d'une mère polonaise de Varsovie, par conséquent de race slave. Sans parler des croisements plus anciens, car il y a des siècles et des siècles que les Allemands, sous les noms de Germains, Goths, Wisigoths, Ostrogoths, Bourguignons, Scythes ou Francs, émigrent en armes ou sans armes, au Midi ou à l'Ouest, en Italie, en Gaule et ailleurs... croyez-vous, mais là, bien sincèrement, qu'il soit possible

au savant, armé des plus fortes lunettes, de bien
distinguer le sang allemand du sang slave, du sang
gaulois, du sang italien? Que demain deux nourrices vous apportent deux nouveau-nés, venant
l'un de Bade et l'autre de Nancy, trouverez-vous
entre eux plus de différence qu'entre deux gouttes
d'eau du Rhin, et, si les nourrices ont changé les
enfants en route, vous sentez-vous capable de rectifier l'erreur? J'ai quelque idée que Dieu, en opé-
rant ces fusions de races, a permis implicitement de
rire un peu de la science ethnologique, au moins
quand elle est poussée au delà de certaines limites, et
quand ses déductions douteuses sur une foule de sangs
problématiques peuvent avoir pour conséquence
l'effusion trop réelle du sang humain. De quel droit
voulez-vous séparer ce que Dieu a si bien mêlé?
Pourquoi provoquer la division là où son grand ouvrier, le Temps, a passé le niveau? Gardez donc,
magnifique docteur, votre ethnologie pour le terrain où elle a son côté utile, c'est-à-dire pour votre
cabinet, comme un jalon d'étude, et n'allez pas jeter
vos conjectures comme un brandon de discorde au
milieu des éléments explosibles qui n'abondent déjà
que trop dans la politique européenne. L'humanité,
magnifique docteur — il est fâcheux qu'un Philistin
soit obligé de vous le rappeler — est la science suprême, et toutes les autres doivent s'incliner devant
elle.

Un Démocrate. — Je me permettrai d'ajouter à cela que Charlemagne, le grand empereur d'Occident, régnait également sur les Francs et sur les Germains. Pourquoi ne formerions-nous pas aujourd'hui une seule famille comme alors? Les Français, descendants des Francs, sont tout simplement des Germains qui nous ont précédés en France.

Furst. — J'admire, messieurs, vos grandes idées humanitaires. C'est d'autant plus méritoire chez vous, monsieur l'Américain, que nous avons pu voir, dans votre lutte du Nord et du Sud, combien peu pèsent, auprès de vos hommes d'État, quand l'intérêt politique l'exige, les principes de la liberté individuelle et de l'indépendance des États. Et vous-même, qui êtes sans doute un partisan de l'abolition de l'esclavage, que faites-vous ici de ce noir?

Flitz. — Ce noir est libre comme vous et moi. Vous n'avez qu'à le lui demander.

Aristide. — Oui, moi libre, puisque maître veut.

Schwartz, qui a entendu. — Le noir est libre, amenez-le-moi.

Aristide. — Maître permet?

Flitz. — Certainement.

(On amène le noir aux étudiants, qui le couronnent de fleurs, lui mettent un costume de Renard et parodient avec lui la cérémonie d'initiation des Renards. Le nègre prend grand plaisir à ces jeux et répète souvent : Moi libre! moi libre comme les blancs!)

Herz, à Flitz. — Je vous félicite, monsieur, de

votre courageuse franchise. Certes, nous avons le cœur aussi allemand que ce docteur de malheur, mais nous sentons trop ce qu'il y a de dangereux pour notre amélioration intérieure et pour nos libertés à cette direction, toute de politique extérieure et agressive, donnée à l'éducation nationale. Ces ambitions et ces haines soufflées avec tant de persévérance au cœur de l'Allemagne entière, ces incitations perpétuelles à la gloire militaire et à un patriotisme conquérant, peuvent bien aveugler la jeunesse noble, mais elles nous mettent en défiance, nous, ouvriers, industriels et commerçants, qui voulons la paix, la cessation des abus féodaux, une juste répartition des charges, la distribution égale de la justice, parce que nous craignons d'y voir une diversion pour prolonger le règne des hobereaux. Nous sommes patriotes, mais nous ne voudrions pas être dupes !

Flitz. — Je vous comprends, ami ; mais, bon gré, mal gré, vous serez dupes encore longtemps. (Lui montrant les étudiants.) Voyez comme ils chantent fort. Écoutez ce que dit Fürst.

Fürst. — Il n'y aura de véritable paix en Europe que lorsque l'Allemagne aura accompli sa tâche historique, lorsque tous ses rameaux épars auront été ressoudés au vieux tronc germanique. Il faut que l'Allemagne soit satisfaite pour que l'Europe puisse dormir en paix. Jusque-là, l'Allemagne doit remplir sans discontinuer sa mission civilisa-trice[1], en tenant toujours son glaive nu dans sa main terrible. Et elle ne se laissera arrêter dans ses justes revendications qu'après avoir fondé le grand édifice de sa gloire et de la paix du monde.

FLITZ. — Ce docteur Fürst est décidément un plagiaire. Alexandre, César, Napoléon, et même, à ce que je crois, Attila, n'ont jamais dit autre chose. C'est toujours pour de justes revendications et pour fonder la paix du monde, que les grands tueurs d'hommes ont fait couler des flots de sang. (Flitz et Herz sortent.)

LOREMBERG, à Trübe.— Jamais, Excellence, je n'ai mieux compris qu'aujourd'hui la sagesse de nos gouvernants. Où en serions-nous si notre gracieux monarque, au moyen d'amis fidèles comme le docteur Fürst et la plupart des professeurs de nos universités, ne dérivait pas contre l'étranger le flot de généreuses passions et les tempêtes de colère qui bouillonnent dans tous les jeunes cœurs allemands? Quelle autorité résisterait à ce torrent si, au lieu d'avoir pour objectif les revendications de notre patriotisme, il prenait la direction fatale que voudraient lui ouvrir les démocrates socialistes?

TRUBE. — C'est parfaitement juste, Loremberg.

(Les étudiants font la ronde autour du nègre costumé en Renard.)

[1] Kulturkampf.

ARISTIDE, en sautant de joie. — Oui, Allemagne, noble pays, — veut guerre pour avoir paix, — combat pour civilisation. — Hourrah !

(Deux étudiants se disputent. La querelle se généralise. Les verres volent. On casse les chaises. On tire les rapières. Bon nombre d'étudiants sont déjà tombés ivres morts. Les autres se battent. Une patrouille arrive et emmène les tapageurs, qui chantent encore :)

Vivant virgines et mulieres
Faciles aggressu !

CINQUIÈME TABLEAU

—

PRÉLUDES DU DÉSACCORD AUSTRO-PRUSSIEN
(Août 1865.)

—

Le théâtre représente le cabinet de M. de Bismarck.

SCÈNE XIII.

LE ROI ET M. DE BISMARCK.

BISMARCK. — Ainsi, c'est bien convenu, Sire. Vous
allez à Gastein. L'Empereur d'Autriche y viendra.
Votre Majesté conclura avec lui l'arrangement dont
nous avons arrêté les termes : la Prusse et l'Autriche se partagent l'administration des Duchés; à
nos alliés, le Holstein; à nous, le Schleswig. L'Europe criera contre l'Autriche et la Prusse : nous la
laisserons crier. Il est bon que le gouvernement
autrichien soit compromis le plus possible dans
cette affaire, afin qu'à l'occasion on ait encore moins
de raisons de s'intéresser à lui. Ce petit traité,
Sire, n'engage à rien et permet tout : c'est un idéal
de traité. Le grand point, c'est de ne pas trop

exciter avant l'heure les susceptibilités de notre
excellente alliée et les défiances des petits États.

Le Roi. — C'est entendu. Et vous, monsieur le
comte, où comptez-vous aller pendant mon absence ?

Bismarck. — J'avais d'abord songé, Sire, à faire
un séjour à Varzin ; mais mon médecin m'ordonne
les bains de mer à Biarritz.

Le Roi. — A Biarritz !

Bismarck. — Oui.

Le Roi. — Ah ! Et qu'allez-vous dire à Napoléon ?

Bismarck. — Je vais l'amuser, tâcher de saisir sa
pensée et lui dire la nôtre.

Le Roi. — Lui dire la nôtre !

Bismarck. — C'est le meilleur moyen de la lui
cacher.

Le Roi. — Gardez-vous bien, monsieur le comte,
de prendre aucun engagement.

Bismarck. — Ce serait tout comme. Mais il n'en
est pas besoin. Ces Français sont si présomptueux ;
ils croient si volontiers ce qu'ils désirent !

Le Roi. — Mon frère Napoléon a beaucoup vieilli.
Il n'a plus la finesse et l'énergie d'autrefois.

Bismarck. — Il est bien certain, Sire, qu'il a cinquante ans de plus que vous, bien qu'il soit né dix
ans plus tard.

Le Roi. — Alors, il est tombé en enfance !

Bismarck. — C'est tellement mon avis que je vais
lui conseiller de prendre la Belgique.

Le Roi. — Y songez-vous, monsieur le comte !

Bismarck. — Soyez tranquille, il n'y aura rien d'écrit.

Le Roi. — Pourquoi ce conseil ? Et s'il le suivait !

Bismarck. — Tant mieux ! cela nous autoriserait à..... à tout. Mais il sait trop les défiances qu'il inspire en Europe et n'osera rien faire. Il se bornera donc à m'écouter, et cela suffira, un jour ou l'autre, pour lui aliéner l'Angleterre.

Le Roi. — Je commence à croire, en effet, monsieur le comte, que votre idée n'est pas mauvaise. Avez-vous depuis hier des nouvelles de Vienne ?

Bismarck. — Le capitaine Walter, que j'y avais envoyé, m'en a rapporté de fort intéressantes dont vous recevrez tout à l'heure, Sire, un résumé substantiel. Le capitaine Walter est un officier de mérite qu'il faudra faire avancer. Il est très-zélé pour votre service et m'a fourni, avant et pendant la guerre des Duchés, de précieux renseignements. Votre Majesté ferait bien de l'emmener à Gastein.

Le Roi. — Volontiers. Vous me l'enverrez, monsieur le comte.

(Le Roi sort.)

SCÈNE XIV.

BISMARCK et WALTER.

Bismarck, à un domestique. — Faites entrer le capitaine Walter. (Le capitaine arrive.) Capitaine, je suis heureux de vous annoncer que **Sa Majesté**, sur ma recommandation, vous emmène à Gastein, où Elle doit avoir une entrevue avec **S. M.** l'empereur d'Autriche.

WALTER. — Monsieur le comte, j'avais nourri l'espoir d'être envoyé à Paris ; mais, puisque vous en avez décidé autrement, je suis tout aux ordres de Sa Majesté et aux vôtres.

BISMARCK. — Capitaine, j'ai été satisfait de vos rapports de Copenhague et de Vienne. J'espère l'être également de ceux de Gastein. Envoyez-moi tous les jours des nouvelles de la précieuse santé de Sa Majesté.

WALTER. — Vous en aurez tous les jours, monsieur le comte. Vous pouvez compter sur mon entier dévouement, car nul ne désire davantage la grandeur et la gloire de l'Allemagne.

BISMARCK. — Je le sais, capitaine. C'est pour cela que je vous ai choisi. Vous désirez une mission en France. Eh bien ! vous irez comme attaché militaire à la légation royale à Paris, après... l'aplanissement des petites difficultés que nous avons avec l'Autriche.

(Walter s'incline et sort.)

SIXIÈME TABLEAU

—

———

SCÈNE XV.

WILHELMINE et Petrus WALTER.

WILHELMINE. — Victoire, mon frère !

WALTER. — Tu as reçu une lettre de Paris ?

WILHELMINE. — La voici. M. et mademoiselle de Montalban acceptent l'invitation de mon mari pour le mois d'août à notre villa d'Enghien. Tu comprends ? Tu feras ta cour à l'aise sous les grands arbres et aux bords du lac. Vous vous aimez, le père donne son consentement, et cet hiver tu ramènes une ravissante femme à Berlin.

WALTER. — Ah ! ma sœur, il semble que la fatalité me poursuive. La lettre que tu me montres m'aurait rendu, à tout autre moment, le plus heureux des hommes. Eh bien ! il m'est absolument impossible d'être à Paris au mois d'août, puisqu'à cette époque je dois être à Gastein. M. de Bismarck vient de me donner l'ordre d'y accompagner Sa Majesté.

WILHELMINE. — C'est partie remise, mon frère ; espérons que ce ne sera pas partie perdue.

FIN DU PREMIER ACTE.

DEUXIÈME ACTE

PERSONNAGES DU DEUXIÈME ACTE :

GUILLAUME Ier.
Le comte DE BISMARCK.
Le feld-maréchal DE MOLTKE.
Le général HERZOG.
M. BENEDETTI, ambassadeur de France.
Le feld-maréchal DE MANTEUFFEL.
WAGNER, député socialiste au Landtag.
Le capitaine PETRUS WALTER.
SCHWARTZ, lieutenant de la landwehr.
LOREMBERG, banquier israélite.
LE BOURGMESTRE DE FRANCFORT.
LES NOTABLES DE FRANCFORT.
FRITZ, soldat de la landwehr.
MARIA, sa femme.
JOHANN, invalide.
Madame WALTER.
FLORA.

JOHNSON
JEAN DURAND } hors l'action.

DEUXIÈME ACTE

PREMIER TABLEAU

—

LA GUERRE CONTRE L'AUTRICHE

—

Le théâtre représente un jardin. On aperçoit Flora se promenant au
fond avec Loremberg.

SCÈNE PREMIÈRE.

FLORA ET LOREMBERG.

DURAND, de son avant-scène. — Il me semble, ami
Johnson, que je reconnais cette jeune dame. N'est-
ce pas Flora?

JOHNSON. — Précisément.

DURAND. — C'est elle, et ce n'est plus elle. Les
traits n'ont pas varié, mais l'expression n'est plus
la même.

JOHNSON. — Le visage est le reflet de la vie.
Flora, grâce à la protection du vieux juif Loremberg, qui est actuellement avec elle, a été, comment
dirai-je?..... une baronne ou une comtesse quel-

conque de la main gauche. Elle est aujourd'hui la maîtresse de Trübe, une des puissances occultes du jour. Comme elle a de l'esprit et peu de scrupules, elle a sauté de l'alcôve dans la diplomatie secrète. A Berlin, où elle serait trop vite reconnue, elle se tient prudemment à l'arrière-plan ; mais à Vienne, à Florence, à Paris, elle a été introduite dans plusieurs salons sous le titre de baronne de Vinzenau et a pu rendre ainsi au comte quelques services très-appréciés. En retour de la haute position que le vieux juif lui a procurée, elle le patronne en haut lieu pour ses entreprises financières. Ainsi vont les choses dans la vertueuse Allemagne.

LOREMBERG, à Flora. — Vous revenez donc, chère baronne, enchantée de votre séjour à Paris?

FLORA. — Oui; et je ris des gens qui croient qu'on peut s'amuser ailleurs qu'à Paris. Ah! le comte peut être tranquille. Quoi qu'il fasse, il ne fera perdre aux Français ni une contredanse ni un calembour. Il fallait le spectacle de ces folies, — folies gaies et non pas lourdes comme les nôtres, — pour me réconcilier un peu avec moi-même. O peuple aimable et vicieux ! (D'un ton très-sérieux.) Je me demande seulement, Loremberg, si les vices des Français ne valent pas encore mieux que nos vertus.

LOREMBERG. — Je vous félicite, baronne, de la belle morale que vous avez rapportée de France.

FLORA. — Ah! Loremberg, pourquoi avez-vous attendu si longtemps pour me prêcher la morale?

LOREMBERG. — Bien touché! Allons, belle enfant, vous êtes plus forte que moi.

FLORA. — C'est là précisément ce que me disait, l'hiver dernier, le roi d'Italie.

LOREMBERG. — Comment l'avez-vous trouvé, ce roi moustachu?

FLORA.—Charmant, quoique allant un peu vite... Il aime mieux la galanterie que la politique. Mais il est évident que la Prusse peut compter, — sinon sur le roi, — au moins sur ses fidèles sujets, lors même qu'il s'agirait de faire la guerre à la France. Les Italiens doivent trop aux Français pour ne pas les détester cordialement, et beaucoup ne s'en cachent guère.

LOREMBERG. — Avez-vous vu Garibaldi, baronne?

FLORA. — J'ai passé huit jours à Caprera.

LOREMBERG. — Ah!

FLORA. — Et j'ai si bien crié avec lui : *Viva l'Italia !* qu'il voulait m'épouser.

LOREMBERG. — Les héros ont leurs moments de faiblesse comme.....

FLORA. — Comme les banquiers et les diplomates, vous voulez dire?

LOREMBERG. — Oui. Avez-vous représenté à Garibaldi la gloire dont il se couvrirait si, en cas de guerre avec l'Autriche, il tentait une descente en Dalmatie ?

FLORA. — Sans doute. Il serait parti le jour même si je le lui avais dit. Croyez-moi, Loremberg, il n'y a rien de si bête que les héros.

LOREMBERG. — Quel diplomate merveilleux vous faites, belle baronne ! Le comte sera enchanté tout à l'heure d'entendre ces récits de votre bouche. Il verra que je ne lui avais pas vanté à tort votre esprit d'observation. N'oubliez pas de lui parler de moi pour l'emprunt de la prochaine guerre. Vous savez que lorsqu'on oblige Loremberg, on n'oblige pas un ingrat. (On entend du bruit.) Voici le comte, mais il est avec Sa Majesté. Allons-nous-en !

SCÈNE II.

LE ROI ET BISMARCK.

LE ROI. — Le moment décisif est venu, monsieur le comte. L'Allemagne n'est plus assez grande pour la Prusse et l'Autriche. Il faut que l'une des deux cède la place à l'autre. Avec l'aide de Dieu et de ma bonne armée, j'espère que le vaincu ne sera pas la Prusse.

BISMARCK. — J'en suis certain, Sire.

LE ROI. — Moltke me garantit la victoire, et une

victoire rapide, grâce à l'admirable organisation de notre armée et à la désorganisation de l'ennemi. La question est de savoir si l'Autriche n'aura pas d'alliés.

BISMARCK. — Elle n'en aura pas, Sire. En voulez-vous la preuve? Écoutez la lecture de cette dépêche de M. de Goltz que je reçois à l'instant de Paris. (Il lit :) « Monsieur le comte, j'apprends ceci de source certaine : L'Italie a fait dire ici que la Prusse sollicitait son concours pour une guerre contre l'Autriche, leur ennemie commune. L'Italie n'ayant qu'un but, la délivrance de la Vénétie, ne tient pas à y arriver par une alliance prussienne plutôt que par un arrangement amiable avec l'Autriche, dont la France pourrait être l'intermédiaire. Elle demande donc conseil à l'Empereur. »

LE ROI. — Ah! voyons ce qu'a répondu Napoléon!

BISMARCK, continuant sa lecture. « L'Empereur a conseillé à l'Italie d'accepter nos propositions. »

LE ROI, stupéfait. — Ah! monsieur le comte, quel homme charmant que l'Empereur des Français!

BISMARCK. — Nous serions bien bons de lui en savoir gré. Napoléon croit l'Autriche trop forte et la Prusse trop faible. A part cela, sa clairvoyance est parfaite, et sa politique d'une excessive habileté.

LE ROI. — Décidément, monsieur le comte, vos deux saisons à Biarritz n'ont pas été sans fruit!

BISMARCK. — Ah! soyez sûr, Sire, que mes paroles lui tintent encore aux oreilles. Je l'ai dérouté par l'audace de mon langage. Je lui vantais sans cesse Cavour et lui ai parlé plus d'une fois de la *mission piémontaise* de la Prusse. Il fallait l'habituer à cette idée, d'autant plus qu'il ne croit guère à nos succès, et ne voit dans nos projets qu'un moyen d'abattre ses ennemis et de nous vendre cher, à l'occasion, son secours. Il aurait voulu que je lui fisse des offres. Je lui offris..... la Belgique. Pour le reste, il pouvait tout espérer, mais pas une promesse qu'il puisse m'opposer un jour. Je lui ai fait entendre que la Prusse était l'alliée naturelle de la France.

LE ROI. — Et il a gobé tout cela, le sire de Biarritz?

BISMARCK. — Il en aurait gobé bien d'autres, car j'avais l'air d'admirer son profond mutisme, tandis qu'au fond je riais encore plus que lui de mon propre bavardage. Il a dû me trouver bien naïf; il a dit à quelqu'un que je n'étais pas un homme sérieux : j'aurais été bien fâché qu'il se doutât combien je le suis. La plage de Biarritz a entendu de singulières choses que le vent moqueur emportait. Je louai la France et ne me fis pas faute de plaisanter sur la Prusse, sur les perruques de la Chambre des seigneurs et sur les bavards de la Chambre des députés. Je ne vous épargnai pas vous-même,

Sire. Je me plaignis d'avoir un roi trop peu ambitieux, trop bourgeois, trop honnête. Voyant qu'il persistait à garder le silence, je lui dis : Que prendriez-vous ? — Nous, répondit-il d'un air innocent, nous ne voulons rien !

LE ROI. — L'hypocrite !

BISMARCK. — N'importe ! Il a compris, ou plutôt il a cru comprendre, et nous pouvons aller de l'avant.

LE ROI. — Et si, comme je l'espère, le Dieu des combats couronne nos efforts, Napoléon apprendra par les faits à connaitre l'Allemagne un peu mieux que par ses ambassadeurs. Vous pouvez, monsieur le comte, cesser vos notes diplomatiques contre la cour de Vienne. C'est au tour du feld-maréchal de Moltke. Voici l'ordre de mobilisation !

DEUXIÈME TABLEAU

—

LE DÉPART POUR LA GUERRE

—

Le théâtre représente les abords d'une gare à Berlin. Les soldats arrivent de tous les côtés, allant rejoindre leurs corps.

———

SCÈNE III.

SCHWARTZ, WAGNER, FRITZ, MARIA, JOHANN, Étudiants, Soldats, Peuple.

SCHWARTZ, en costume de lieutenant de la landwehr, avec d'autres étudiants. — Mes amis, au revoir! Grande fête au *Fortschrittsverein;* quand nous reviendrons, on exécutera un *salamander*[1] pour ceux qui manqueront à l'appel. Quel heureux temps que celui où nous vivons! On n'y risque plus de mourir d'ennui comme autrefois, car les occasions de périr autrement ne manquent pas. Tu dois être content,

[1] Vider son verre d'un trait après l'enterrement d'un camarade, après l'avoir frotté sur la table en guise de roulement funèbre, et le briser ensuite, cela s'appelle, chez les étudiants allemands, *ein salamander reiben.*

poëte Geiber, toi qui te plaignais de ces paix dangereuses, étouffantes, corruptrices, dont les Allemands occupaient les longs loisirs à se déchirer
entre eux. Voilà quelques années que nous épanchons
vigoureusement à l'étranger cet excès de vie dont
Jupiter nous a dotés. Tu as eu bien tort de mourir,
grand poëte. Tu aurais entendu siffler les balles
hier dans les Duchés, demain en Autriche, après-
demain ..... qui sait? Allons! nous sommes en bon
chemin, et le Roi et le Comte ont merveilleuse-
ment compris le caractère allemand. (Il chante:)

Amour et combat,
Tapage et sabbat!

Un Étudiant. — Schwartz, encore quelques
chopes avant de nous quitter?

Schwartz. — Est-ce qu'un étudiant allemand a
jamais reculé devant des chopes?

(Ils entrent dans un café. Des groupes d'hommes partant pour la
guerre arrivent; beaucoup sont accompagnés de leurs femmes et de
leurs enfants.)

Maria. — Adieu, Fritz! (Elle pleure.)

Fritz. — Au revoir, Maria.

Maria. — Envoie-moi souvent de tes nouvelles.

Fritz. — Tant que je pourrai. A mon retour,
nous nous marierons.

Maria. — Reviendras-tu? Comme je vais prier
Dieu pour toi!

JOHANN. — Priez Dieu surtout, Fraulein, pour la victoire de l'Allemagne !

MARIA. — Je prierai Dieu d'inspirer aux souverains allemands l'amour de la paix.

JOHANN. — C'est une mauvaise patriote, cette fille-là !

FRITZ. — N'en dis pas de mal. C'est une douce et honnête personne. Ce qu'elle dit est juste. Je n'en ferai pas moins bien mon devoir sur le champ de bataille, quoique, à vrai dire, je ne voie pas trop le bénéfice que l'Allemagne pourra retirer de sa victoire.

JOHANN. — Imbécile! Ne vois-tu pas que l'Allemagne, pour être forte et unie, a besoin de battre l'Autriche et ses alliés allemands, que sans cela l'unité est impossible, et que, sans l'unité, un jour ou l'autre, l'étranger nous envahira de nouveau?

FRITZ. — Je le crois, puisque tout le monde le dit; mais il est fâcheux que, pour réaliser ce noble but, nous soyons d'abord obligés de verser le sang allemand à l'aide d'une alliance étrangère.

MARIA. — Laisse donc là cet illuminé, Fritz. Tu n'as plus que quelques minutes à me donner, et tu les consacres à un autre. Viens !

UN SOLDAT MARIÉ, à un vieillard. — Merci de vos offres, mein Herr. Je vous suis reconnaissant, mais vous ne pouvez pas empêcher ma ruine. Il n'y a pas six mois que nous avions acheté ce fonds. Ma femme s'exténuait de travail tout en élevant les enfants. La guerre éclate; nos économies de dix ans s'évanouissent en fumée. Mais ce qui me navre, ce sont les mortelles inquiétudes dans lesquelles Marthe va vivre. Ah! si les rois savaient tout ce que coûte la guerre, ils ne la feraient jamais! Voici ma pauvre femme!

(Marthe arrive. Elle embrasse son mari et lui fait encore embrasser ses enfants.)

JOHANN, à une table à la porte d'un café. — Mes amis! à la santé du Roi! A la victoire de l'Allemagne!

SCHWARTZ ET LES ÉTUDIANTS. — Hourrah! hourrah! Vive l'Allemagne! Vive le roi Guillaume! Vive le comte Bismarck!

WAGNER, se levant d'un air solennel. — Je bois à l'Allemagne et à la liberté allemande!

JOHANN. — Quel est cet homme?

UN ÉTUDIANT. — C'est Wagner, un membre socialiste du Landtag.

WAGNER. — Amis, souhaitons que l'Allemagne soit victorieuse par nos armes, mais souhaitons aussi que cette victoire n'empêche pas le développement de nos libertés et ne fasse pas oublier à nos gouvernants que, même dans la plus juste des guerres, le but suprême doit être le règne de la justice et l'établissement d'une paix durable.

Voix divergentes parmi les étudiants. — Bravo! Non! non!

JOHANN. — Je n'aime pas ces restrictions quand on part pour la guerre.

WAGNER. — Ami Johann, tu es un brave. Tu as déjà payé ta dette à la patrie. Mais la bravoure ne suffit pas. Nous ne dépasserons jamais le courage des barbares d'autrefois. Mais là où nous devrions les surpasser, c'est par l'humanité, par l'intelligence du juste et du vrai, par une vue plus large et plus élevée de la destinée humaine. Or, je crains bien que nos hommes d'État ne se soucient fort peu de tout cela. Je vois surtout dans la guerre actuelle des rivalités princières pour lesquelles l'unité allemande n'est qu'un prétexte. La vieille Confédération, avec quelques réformes, serait, d'ailleurs, bien préférable à cette unité. Et puis, une fois sur le chemin du militarisme, qui donc nous arrêtera? A cette liqueur-là, les plus fortes têtes se grisent. Et voilà comment les peuples payent les fautes des rois. Je souhaite, Johann, que mes pressentiments me trompent. Je ne doute pas de la défaite de l'Autriche, mais je n'ose rien prévoir au delà. A la santé de la sagesse allemande! (On boit.)

SCHWARTZ. — Maintenant que j'ai bu, mein Herr, permettez-moi de vous faire observer que vous n'êtes pas ici à la tribune du Landtag, mais sur la place publique. Permettez-moi aussi de vous rappeler cette parole de l'Évangile : *Sufficit diei nequitia sua.* Il me semble que le présent est assez sérieux sans aller interroger l'avenir. Il y a du vrai dans ce que vous dites, mais nous avons le temps d'y songer. A demain, à l'année prochaine, les affaires sérieuses ! Allons ! mes amis, en avant, et que les plus belles voix entonnent un chant de guerre.

(Un régiment arrive avec sa musique jouant un air patriotique. On l'acclame avec enthousiasme et on entre avec lui dans la cour de la gare en chantant.)

TROISIÈME TABLEAU

—

LA BATAILLE DE SADOWA
(3 juillet 1866.)

—

(La scène se passe sur une hauteur près de Sadowa.)

———

SCÈNE IV.

LE COMTE DE BISMARCK (en colonel de cuirassiers). LE GÉNÉRAL HERZOG.
LE CAPITAINE WALTER. (Tous trois à cheval.)

WALTER. — Nos affaires vont bien, monsieur le comte. Le feld-maréchal de Moltke vient d'en informer Sa Majesté.

BISMARCK. — Je crois, en effet, que le maréchal Benedek ne peut pas tenir longtemps contre cette concentration imprévue de nos forces. Ou je me trompe fort, ou l'Autriche n'existera plus demain comme grande puissance militaire. (A Herzog.) Général, personne mieux que vous ne peut juger les chances de la bataille. Veuillez monter sur cette colline d'où vous nous ferez dire ce que vous aurez constaté.

HERZOG. — A vos ordres, monsieur le comte.

SCÈNE V.

BISMARCK et WALTER.

BISMARCK. — A nous deux, capitaine. Profitons des quelques minutes que nous laisse l'arrivée tardive de Sa Majesté. Je trouve que vous avez été trop laconique dans votre rapport sur l'entrevue du roi Jean de Saxe avec le roi Louis de Bavière. Répétez-moi mot pour mot ce que vous en avez appris. Vous entendez, capitaine, *mot pour mot*, je l'exige, quelque désobligeants pour moi ou pour Sa Majesté que puissent avoir été leurs discours.

WALTER. — Vous le voulez, monsieur le comte; eh bien, vous reconnaîtrez, à ma franchise, l'étendue de mon dévouement au Roi, à l'avenir de la Prusse et à vous-même.

BISMARCK. — Parlez !

WALTER. — Après les compliments d'usage et après s'être communiqué leurs résolutions respectives que je vous ai fait connaître par les voies les plus promptes, le roi Louis et le roi Jean ont échangé leurs impressions sur la situation. Le roi Jean a dit : Après tout, Sire, je n'aime guère plus l'Autriche que la Prusse, et rien ne me serait plus agréable que de pouvoir garder la neutralité; mais je considère la Prusse comme beaucoup plus dangereuse pour nous, si elle parvient à l'emporter sur sa rivale. A quoi le roi de Bavière a répondu : C'est tout à fait mon avis, Sire. Quel triste sort est le nôtre de n'avoir que l'embarras du choix entre deux situations détestables ! —Oui, a dit le roi Jean; car, en fin de compte, tout se réduit à ceci : serons-nous mangés à la sauce prussienne ou à la sauce viennoise ? — Que prévoyez-vous? a répliqué le roi de Bavière.— Je n'ose rien prévoir, a répondu le roi de Saxe. Ce qui, monsieur le comte, montre assez clairement que les deux souverains ne doutaient pas du succès de nos armes.

BISMARCK. —Continuez, capitaine; c'est fort intéressant.

WALTER. — Benedek m'inspire peu de confiance, a dit le roi Louis. L'armée autrichienne manque de cohésion. Elle est mal armée. Quant à nos braves troupes fédérales, je crains que la Prusse ne leur laisse pas le temps d'agir. Ayons néanmoins confiance. Dieu favorisera la justice de notre cause. — Laissez Dieu tranquille ! a répondu brusquement le roi de Saxe. S'il s'occupe de nous, c'est pour nous prendre en pitié les uns et les autres. J'imagine même qu'il doit bien regretter son œuvre quand, d'un côté, il entend..... (Walter hésite.)

BISMARCK. — Dites tout, capitaine. C'est à la brutalité des termes que je reconnaîtrai le mieux votre franchise.

WALTER. — ..... quand, d'un côté, il entend les sauvageries mystiques du roi Guillaume et que, de l'autre, il lit les dépêches perfides et éhontées de Bismarck, qui, après avoir déchaîné la guerre, cherche à faire croire que François-Joseph a été l'agresseur. (Bismarck se met à rire.) Je vous demande pardon, monsieur le comte, d'avoir à répéter de pareils propos.

BISMARCK. — Mais allez donc, capitaine, c'est très-intéressant.

WALTER. — Que pensez-vous de la politique de Napoléon III? a dit le roi Louis. Jean a répondu : Mon opinion, en deux mots, est qu'il est aussi bête avec ses airs de profond politique que Bismarck est coquin.

BISMARCK (riant). — Il a dit coquin, capitaine?

WALTER. — C'est le mot que notre agent a entendu. Veuillez excuser.

BISMARCK. — Mais allez donc, c'est charmant.

WALTER. — Ce sont deux larrons, a ajouté le roi Jean, qui, après avoir détroussé le voisin, finiront par se prendre aux cheveux. Napoléon ne voit actuellement de danger que du côté de l'Autriche, et il espère, d'ailleurs, que les deux États s'épuiseront l'un l'autre. Il voit la guerre avec joie et favorise moralement la Prusse, uniquement parce qu'il la croit plus faible, sachant bien que, dans le cas où sa prévision serait trompée, il y gagnerait encore d'être débarrassé de l'épine vénitienne. — Mais, a objecté le roi Louis, ce n'est pas si mal calculé. — Connaissez-vous l'histoire de Gribouille? a répondu le roi Jean en souriant. — C'est un personnage français, je crois, a dit le roi Louis, qui, pour éviter la pluie, se jette dans l'eau. — C'est le plus haut personnage français de notre temps, a répliqué le roi de Saxe, qui joue actuellement le rôle de Gribouille. Pour éviter une ondée italienne, il s'expose au torrent allemand qui, après nous avoir engloutis, l'engloutira à son tour. — Pour moi, a dit le roi Louis en forme de conclusion et d'un ton mélancolique, bien qu'ayant à peine goûté aux honneurs du trône, j'en suis fatigué. Mon ambition vise le culte des beaux-arts plus que la puissance. Je donnerais mon royaume pour avoir fait un opéra de Richard Wagner. J'ai déjà tracé le plan d'un théâtre colossal pour y faire jouer les chefs-d'œuvre de la musique de l'avenir. — Soyez tranquille, a dit le roi Jean, si nous sommes battus, vous aurez tout le temps de cultiver la musique et de bâtir des théâtres. Je suppose même que les puissants de Berlin le verront avec plaisir, à condition, toutefois, que vous ne vous mêliez pas de musique militaire. Les deux rois se sont alors séparés, l'un, le vieux, très-préoccupé, l'autre sifflant un air du *Tanhauser*.

BISMARCK. — Je vous remercie, capitaine. En récompense de vos services, vous allez être chargé de porter à la reine Augusta l'annonce officielle de la victoire. A notre retour à Berlin, vous serez envoyé à la légation d'Allemagne à Paris, comme attaché militaire.

WALTER. — Monsieur le comte, vous pouvez compter sur mon dévouement et sur mon éternelle gratitude.

SCÈNE VI.

LES MÊMES, LE ROI, HERZOG, SUITE ROYALE. (Tous à cheval. — On apporte des blessés.)

LE ROI. — Le Dieu des batailles a béni nos efforts, monsieur le comte. Nous sommes vainqueurs. Benedek abandonne ses positions. Mais quel horrible carnage ! (Il fait signe aux officiers de s'éloigner et reste seul avec Bismarck.)

BISMARCK. — Puisque l'Autriche est vaincue, Sire, il faut qu'elle soit expulsée demain de la Confédération, et que la Prusse se mette hardiment à la tête de l'Allemagne unie.

LE ROI. — Que de sang, que de larmes, que de misères nous coûte ce grand résultat !

BISMARCK. — Tout cela n'est rien en comparaison du but atteint. Chaque année l'émigration vous enlève plus de sujets que dix batailles de Sadowa.

LE ROI. — Je voudrais voir la mine que fait, en

ce moment, mon bien-aimé frère l'empereur d'Autriche.

BISMARCK. — Et moi, celle que va faire Napoléon en apprenant un résultat auquel il ne s'attendait guère.

WAGNER, un des blessés apportés un moment auparavant, lève la tête. — Sire, un mot ! Comte de Bismark, veuillez approcher aussi. J'ai une révélation à vous faire avant de mourir.

LE ROI. — Connaissez-vous ce blessé, monsieur le comte ?

BISMARCK. — Oui, c'est Wagner, l'ancien député démocrate.

WAGNER. — En effet, comte de Bismarck, je suis un démocrate. Je suis surtout un ennemi de l'ambition et de la fausse gloire, ce qui ne m'empêche pas de me faire tuer pour mon pays, même quand son bon droit est contestable. Prenez garde, Sire, vous êtes sur une voie dangereuse, où nous avons vainement essayé de vous arrêter par nos votes contre la loi militaire. Rappelez-vous à quelles conséquences finales les mêmes causes ont conduit Napoléon Ier. J'ai entendu vos dernières paroles. Ce qu'il y aurait pour vous deux de plus intéressant, de plus instructif surtout, à voir, que les mines des deux empereurs, c'est la mine de tous les pères, mères, frères, sœurs, fils, femmes ou fiancées, des pauvres diables à qui les fumées vaines et glorieuses dont votre orgueil, dont notre orgueil national, si vous voulez, se repait bêtement, auront ravi tout appui, tout bonheur et toute espérance.

(Il meurt. — Le Roi paraît ému.)

BISMARCK. — C'est le discours le plus bref qu'il ait jamais prononcé. Un bavard de moins au Land-tag !

LE ROI, sévèrement.— Oui, mais un brave soldat de moins dans mon armée. (Un nouveau courrier remet une dépêche au roi.) Moltke mande que l'ennemi est en pleine déroute, laissant armes et bagages. La victoire est encore plus complète qu'il ne le pensait d'abord. Malheureusement, le nombre des morts et des blessés est aussi plus considérable que ne l'indiquaient les premiers rapports. Les malades sont nombreux. Des cas de choléra sont signalés.

BISMARCK. — Rien de tout cela, Sire, ne doit nous empêcher de marcher de l'avant. Il faut toujours pousser une victoire à bout. Laisser à un vaincu le temps de se reconnaître, ménager un ennemi quand on peut l'écraser, c'est une faute impardonnable chez un général en chef comme chez un premier ministre.

LE ROI.— Je me demande, monsieur le comte, si une politique plus modérée, outre qu'elle serait plus chrétienne, ne produirait pas une meilleure impression en Europe.

BISMARCK. — La politique la plus chrétienne est

celle des résultats les plus incontestés et les plus durables, parce qu'elle prévient le mieux de nouvelles guerres. Il faut annihiler l'Autriche, Sire, ranger toute l'Allemagne sous vos lois, sinon c'est à recommencer plus tard.

Le Roi.— Vous avez trop bien compris jusqu'ici, monsieur le comte, les grands desseins de la Providence sur la Prusse pour que je ne tienne pas compte de vos conseils.

Un Officier. — M. Benedetti, l'ambassadeur de France, vient d'arriver au quartier général. Il demande à parler à Votre Majesté.

Bismarck. — M. Benedetti ici ! Que vient-il faire ?

SCÈNE VII.

Les Mêmes, M. BENEDETTI.

Benedetti. — Recevez, Sire, mes félicitations !

Le Roi. — Je les accepte, monsieur l'ambassadeur, et vous en remercie cordialement.

Bismarck. — S. M. l'empereur des Français sera certainement heureux d'apprendre nos succès.

Benedetti. — Oui, comme il a été sincèrement affligé des mauvaises nouvelles qui nous sont parvenues d'Italie.

Le Roi. — Quelles nouvelles, monsieur l'ambassadeur ?

BENEDETTI. — Ignorez-vous que l'archiduc Albert a battu les Italiens à Custozza et que l'amiral Tegethoff a détruit la flotte de Persano à Lissa?

LE ROI. — J'apprends avec douleur les échecs de nos braves alliés.

BISMARCK. — Vainqueurs ou vaincus, ils nous ont permis, par leur utile diversion, d'infliger à l'Autriche une défaite dont elle ne se relèvera jamais. Nous serons dans huit jours à Vienne, monsieur l'ambassadeur.

BENEDETTI. — Comment! une pareille victoire ne vous satisfait pas! Vous voulez encore occuper Vienne!

BISMARCK. — Sans doute.

BENEDETTI. — Je vous prie, Sire, et vous aussi, monsieur le comte, de voir en moi, pour le moment, non plus l'ambassadeur de France, mais un ami qui vous a déjà donné des preuves de son amitié et qui vient vous donner la plus grande de toutes. Voici une nouvelle que je ne vous avais pas encore communiquée. L'empereur François-Joseph a télégraphié à l'empereur Napoléon pour lui céder la Vénétie que mon auguste maître vient de rétrocéder immédiatement au roi Victor-Emmanuel.

LE ROI. — Ce procédé, de la part de mon frère d'Autriche, n'a rien d'étonnant. Mais sa détermination arrive trop tard. Elle ne détruira pas l'alliance de la Prusse et de l'Italie.

BENEDETTI. — Sans doute, Sire, mais — notez bien que c'est un ami et non l'ambassadeur qui parle — cet événement change entièrement la situation de la France. Le gouvernement français vous sera reconnaissant d'avoir contribué à la réalisation du programme impérial de 1859, mais il est évident que, la Vénétie étant rendue à l'Italie, il ne peut plus suivre vos succès d'un œil aussi sympathique. Vous comprenez certainement que, si vous entriez à Vienne, le sentiment de la nation française imposerait vite au gouvernement impérial une politique différente, si celui-ci n'en prenait pas lui-même l'initiative.

BISMARCK. — Le sentiment de la nation française ! Puisqu'il n'y a pas d'ambassadeur ici, mais simplement un ami, regardez-moi sans rire, monsieur Benedetti !

BENEDETTI. — Cela me sera difficile, monsieur le comte, en songeant à ce que vous avez dit et écrit du sentiment de la nation allemande quand vous avez voulu faire la guerre à l'Autriche.

(Bismarck veut répliquer, le Roi intervient.)

LE ROI. — Il suffit, monsieur l'ambassadeur — je me trompe, monsieur Benedetti. Nous nous comprenons tous à demi-mot. De si graves questions ne se résolvent pas le pied levé. Vous remercierez notre frère Napoléon de ses sympathies et vous l'assurerez des nôtres.

BISMARCK. — Dites-lui que nous n'oublierons jamais les témoignages d'amitié qu'il nous a donnés, et surtout celui dont vous venez de vous faire l'interprète.

BENEDETTI. — Je transmettrai, Sire, à mon auguste maître l'expression de vos bons sentiments.

SCÈNE VIII.

LE ROI et BISMARCK.

LE ROI. — Eh bien ! qu'en dites-vous, monsieur le comte ?

BISMARCK. — Napoléon nous joue là un tour..... auquel il fallait s'attendre.

LE ROI. — Et qu'il nous payera cher.

BISMARCK. — Oh ! quant à cela...! Nous sommes maintenant les maîtres de l'here ! L'Autriche vaincue, la France est à notre discrétion. Toute la question est de savoir si nous devons lui donner immédiatement ou un peu plus tard la leçon qu'elle mérite.

LE ROI. — Quel est votre avis là-dessus ?

BISMARCK. — Le plus tôt serait bon, Sire, mais le plus sûr sera le meilleur. Nous ne pouvons rien décider sur ce point sans consulter le feld-maréchal Ah ! le voilà qui arrive enfin.

SCÈNE IX.

LE ROI. BISMARCK. MOLTKE. Groupe d'officiers à l'écart.

LE ROI, à Moltke.— Recevez mes félicitations, monsieur le comte. Vous avez glorieusement dirigé la vaillante armée qui vient de briser la puissance militaire de l'Autriche et de rendre à la Prusse le rang qui lui était dû en Allemagne et en Europe.

MOLTKE. — Le plus grand mérite, Sire, revient à votre sagesse, à vos courageuses décisions et à l'admirable bravoure de vos soldats.

LE ROI. — Rendons grâces au Dieu des batailles sans lequel ma sagesse et votre habileté auraient été inefficaces. Un grave événement vient de se produire ici tandis que vous acheviez la défaite de Benedek. L'ambassadeur de France nous a fait comprendre que Napoléon III ne saurait persister dans sa réserve sympathique si nous poussions nos avantages plus loin. Si nous entrons à Vienne, c'est la guerre avec la France. Sommes-nous en état de la soutenir?

MOLTKE, après un moment de réflexion. — Je crois, Sire, que nous sommes en état de la soutenir. Nous avons une armée nombreuse et exaltée par la victoire. Le fusil Dreyse, dont vous avez vu les effets miraculeux, donne à chacun de nos soldats la puissance de quatre. D'autre part, notre ennemi est embarrassé au Mexique. Je sais qu'il est plus désorganisé qu'il ne s'en doute lui-même. J'ai donc la conviction qu'il serait battu. Mais il le sera encore plus sûrement dans trois ou quatre ans, quand nous aurons introduit dans notre organisation militaire les améliorations dont la campagne actuelle m'a montré la nécessité, et quand votre diplomatie aura retiré de notre victoire les fruits qu'elle doit porter en plaçant sous notre action immédiate les petits États vaincus.

BISMARCK. — J'ai fait prévenir les représentants officieux de Bade, du Wurtemberg, de la Saxe et de la Bavière. Ils savent déjà combien notre main est lourde, mais ils l'apprendront bien davantage s'ils ne signent pas sans délai une alliance offensive et défensive qui mette entre nos mains toute leur force militaire. Quant au roi de Hanovre, à l'électeur de Hesse, au duc de Nassau, nous sommes obligés et autorisés par toute espèce de raisons à réunir simplement leurs États au royaume de Prusse.

LE ROI. — Grâces soient rendues au Seigneur qui m'a choisi pour le glorieux instrument de ses desseins en Allemagne! C'est sa haute Providence qui m'oblige, malgré ma répugnance, à prendre la couronne de mes bien-aimés frères le roi de Ha-

novre, le duc de Nassau, l'électeur de Hesse, à humilier Darmstadt, Bade, la Saxe, la Bavière et le
Wurtemberg.

BISMARCK. — Sire, vous n'avez pas nommé les
villes hanséatiques et surtout Francfort. La Providence, qui veille sur l'Allemagne, a inspiré les folies
des Francfortois pour vous obliger aussi à prendre
cette ancienne cité impériale.

LE ROI. — Vous croyez, monsieur le comte?

BISMARCK. — J'en suis sûr.

LE ROI. — Que la volonté de Dieu soit faite! Est-
ce que les hommes peuvent quelque chose contre
les décrets insondables de la Providence?

QUATRIÈME TABLEAU

—

LES PRUSSIENS A FRANCFORT

—

La scène se passe dans la *Kaisersaal*, au palais du *Rœmer*.

———

SCÈNE X.

Le Bourgmestre.— Messieurs, je vous ai convoqués sur l'ordre du nouveau commandant prussien dont nous attendons ici les communications. C'est tout ce que je puis dire dans les malheureuses circonstances où se trouve le pays.

Un Notable. — L'oiseau de proie [1] est donc décidément parti ?

Le Bourgmestre. — Oui, mais il nous a coûté cher. Les vingt-deux jours d'occupation prussienne, accomplie sous ses ordres, ont saigné à blanc notre

———

[1] Calembour sur le nom du général *Vogel von Falkenstein*, que les Francfortois appelaient *Vogel von Raubenstein*.

bonne ville de Francfort, et il lui faudra au moins dix ans pour se refaire.

Un Notable. — Soixante mille paires de souliers!

Un autre. — Trois cents chevaux de selle!

Un autre. — Deux cents voitures!

Le Bourgmestre. — Et enfin, six millions de florins que nous lui avons comptés ce matin avant son départ. Il faudra décidément changer le proverbe relatif à ceux qui travaillent pour le roi de Prusse!

Un Notable. — Heureusement que tout est fini en fait de réquisitions. L'oiseau de proie en a donné sa parole formelle.

Un autre. — La parole d'un voleur!

Un autre. — Silence!

Un autre. — Un officier prussien a dit hier chez nous que si les habitants ne livraient pas l'écrivain socialiste Sonnemann, nous pourrions bien être frappés d'une nouvelle contribution de guerre.

Un des Notables, au bourgmestre. — N'avez-vous donc pas fait observer, monsieur le bourgmestre, à l'oiseau de proie que la république de Francfort n'était pas en guerre avec la Prusse, et que sa conduite était contraire au droit des gens?

Le Bourgmestre. — C'est la première chose que je lui ai dite. Il m'a répondu que la force était la meilleure forme du droit des gens, que la population de Francfort était connue depuis longtemps pour son hostilité contre la Prusse, et que le salut de l'Allemagne exigeait qu'elle reçût un châtiment exemplaire.

LE NOTABLE. — Les hypocrites ! C'est au nom du salut de l'Allemagne qu'ils insultent, détroussent et tuent tant d'honnêtes Allemands !

LE BOURGMESTRE. — Messieurs, le feld-maréchal de Manteuffel !

SCÈNE XI.

LES MÊMES, MANTEUFFEL en grand uniforme et suivi de son état-major.

MANTEUFFEL. — Messieurs, je vous ai fait réunir pour vous informer que la ville de Francfort est frappée d'une contribution de guerre de vingt-cinq millions de florins, payables dans vingt-quatre heures.

TOUS. — Vingt-cinq millions !

MANTEUFFEL. — Oui, messieurs, vingt-cinq millions de florins.

LE BOURGMESTRE. — Très-illustre seigneur, vous ignorez sans doute que votre honorable prédécesseur, le général Vogel von Falkenstein, sans compter d'innombrables réquisitions, nous a déjà imposé six millions de florins que nous n'avons pu réunir qu'en nous saignant les quatre veines et que nous lui avons comptés ce matin avant son départ.

MANTEUFFEL. — Le général de Falkenstein a obéi aux ordres qu'il avait reçus. Je fais comme lui. Je sais qu'on m'accusera d'inhumanité, qu'on me comparera au duc d'Albe; mais mon devoir est d'exécuter des ordres supérieurs, et je suis ici pour cela.

UN NOTABLE. — Mais où voulez-vous que nous les prenions ?

MANTEUFFEL. — Ah! ceci vous regarde.

LE MÊME. — Nous avons donné notre dernier florin.

MANTEUFFEL. — Alors que craignez-vous?

LE MÊME.— Que ferez-vous si d'ici à demain nous n'avons pas payé? Vous ne.....

MANTEUFFEL.— Je lis le mot sur vos lèvres. Hélas! oui, je serai obligé de livrer la ville au pillage.

LE MÊME. — Eh bien! alors, allez jusqu'au bout, imitez Néron, mettez le feu aux quatre coins de Francfort.

MANTEUFFEL. —Après le pillage, peut-être; Rome n'est ressuscitée que plus belle de ses cendres. Mais c'est assez parler. La Prusse n'est pas venue pour apporter une langue de plus à votre république de bavards, ses ennemis acharnés. Elle vous apporte l'unité de l'Allemagne, et vous devriez la remercier de ne pas vous la faire payer plus cher.

LE BOURGMESTRE. — En supposant, monsieur le feld-maréchal, que nous parvenions à trouver cette somme, pouvons-nous au moins avoir la certitude que cette réquisition sera la dernière?

MANTEUFFEL. — De ma part, oui, je vous en donne ma parole d'honneur. Mais je ne puis rien garantir de la part d'un successeur qui peut arriver à ma place avec des ordres que je ne connais pas. Au reste, messieurs, je vous engage à payer au plus vite, et ceci dans votre intérêt, car, je puis vous le dire en confidence, il n'y a pas de mesures sévères qu'on ne soit résolu à prendre contre vous. On commencera demain, si vous ne payez pas, à fermer la poste et le télégraphe, les auberges, tous les établissements publics, même les brasseries. On interdira l'entrée de la ville aux voyageurs et aux marchandises. Et ce ne sera que le commencement. Allez, messieurs! (Le bourgmestre et les notables sortent consternés.) Ah! nous les dompterons, ces fiers républicains francfortois! (Il regarde les portraits des empereurs qui décorent la salle.) Eh bien! vieilles majestés impériales, êtes-vous contentes de l'épée prussienne?

CINQUIÈME TABLEAU

—

Devant le palais royal à Berlin.

———

SCÈNE XII.

Petrus WALTER, JOHANN et autres Personnages.

Johann. — Victoire! Vive le Roi! Vive l'Allemagne!

La Foule. — Hourrah! la Reine! la Reine!

Walter, sortant de la cour du palais à cheval. — Messieurs, S. M. la Reine me charge de vous communiquer la confirmation des bruits favorables qui se sont répandus, confirmation que j'ai eu l'honneur de lui apporter moi-même du quartier général. Notre brave armée a remporté une victoire décisive à Sadowa, et la guerre avec l'Autriche est terminée.

Voix. — Hourrah! Vive le Roi! Vive l'Allemagne unie! Vive la paix!

Walter, répondant à diverses questions. — Le colonel Herman a été tué à Trentenau. (A un autre.) Tout le 1er bataillon du 52e régiment a été détruit. (A un autre.)

Le 2ᵉ régiment de la landwehr a eu près de deux cents morts et cinq cents blessés. (Cris de douleur dans la foule.) Ah! dame, on ne fait pas d'omelettes sans casser des œufs.

JOHANN. — J'en suis la preuve. Mais le patriotisme allemand est au-dessus de toutes les épreuves. Vive le Roi! Vive l'Allemagne unie!

UNE FEMME. — Au lieu de tant crier ici, mon brave Johann, tu ferais mieux d'aller consoler ta tante, la digne madame Furzen, qui pleure toutes les larmes de son corps sur la mort de son fils tué dans cette guerre qui t'inspire tant d'enthousiasme.

JOHANN. — Ma pauvre tante!

UNE VOIX IRONIQUE. — Bah! tu n'as pas entendu le capitaine Walter : on ne fait pas d'omelettes sans casser des œufs. Cela est d'autant plus beau dans sa bouche qu'un de ses frères aussi est resté à Sadowa. Comment, brave Johann, tu ne cries plus!

UNE FEMME, furieuse. — Ils ont fait tuer mon fils aîné là-bas; qui me nourrira maintenant, moi et mes autres enfants?

UN PATRIOTE. — La patrie ne vous abandonnera pas, pauvre femme!

LA FEMME. — La patrie! C'est un nom que les pauvres gens connaissent beaucoup plus par les sacrifices qu'il leur impose que par les services qu'il leur rend. Ce n'est pas la patrie qui nous empêchera de mourir de faim.

UNE AUTRE FEMME. — Mon mari est mort. Tout est perdu pour moi. Ah! je voudrais bien tenir ici ceux qui ont ordonné cette guerre. Qui ose crier encore : Vive le Roi! Moi je dis que ceux qui font tuer tant de pauvre monde sont de grands misérables et que nous sommes de grands imbéciles!

UN VIEILLARD. — C'est trop vrai, pauvre femme. Mais ce n'est pas après une victoire comme celle-ci qu'un peuple peut le comprendre. Les victoires grisent plus les peuples que le vin ne grise les individus. Et c'est à peine si ma raison, aidée de mes cheveux blancs, me préserve de l'ivresse générale. Il coulera bien du sang avant que la vanité des princes et les préjugés nationaux cèdent le pas à la vraie sagesse et à la juste sollicitude de ceux qui ont des fils, des frères, des maris ou des fiancés, à perdre dans ces jeux sanglants de la guerre.

VOIX, au fond de la scène. — Vive le Roi! Vive le vainqueur de Sadowa! Vive Bismarck! Vive l'Allemagne unie!

SIXIÈME TABLEAU

SCÈNE XIII.

Le Capitaine WALTER et sa Mère.

LA MÈRE. — Mon fils!

WALTER. — Ma mère! (Ils s'embrassent. La mère pleure.)
Ayant rempli ma mission près de la Reine, j'accours auprès de vous.

LA MÈRE. — Tu trouveras toute la famille dans
la désolation par suite de l'horrible nouvelle que tu
nous as transmise de la mort de ton frère Joseph.

WALTER. — Vous pouvez être fière de lui, ma
mère. Il est mort comme un héros, à la tête de sa
compagnie et après avoir tellement reçu de blessures
qu'il en était méconnaissable.

LA MÈRE. — J'aimerais mieux qu'il ne fût pas
un héros et qu'il vécût encore. Ah! mon fils, si tu
pouvais savoir ce qu'un enfant a coûté de soins, de
larmes, de préoccupations, tout ce qu'il emporte,
en mourant, du cœur de sa mère, tu trouverais
dans les plus belles morts moins de sujets d'orgueil
que de tristesse. Ton frère Max, d'autre part, est

ruiné, et il ne peut plus retourner à Vienne. Il est possible que toutes ces guerres rapportent au Roi et au Comte gloire et profit, mais il est bien certain qu'elles n'ont rapporté jusqu'ici à beaucoup de ses fidèles sujets que douleurs et misères. L'Allemagne a peut-être grandi, mais le bonheur des Allemands a diminué.

WALTER. — Vous avez de trop justes sujets de douleur, ma mère, pour que je puisse essayer de vous répondre.

LA MÈRE. — Crois-tu, du moins, mon fils, que cette horrible guerre soit terminée ?

WALTER. —Comment ne le serait-elle pas? Toute la force militaire de l'Autriche est détruite. D'ailleurs, j'en ai la preuve intime dans le fait que je suis nommé attaché militaire auprès de la légation allemande à Paris.

LA MÈRE. — Mon fils, tu me fais frissonner ! Un soir, tu disparais subitement. Nous apprenons, deux mois après, que tu as été envoyé à Copenhague. En même temps, la guerre éclate avec le Danemark, et l'avenir de ton frère Joseph est brisé. Deux ans après, le comte de Bismarck t'envoie à Gastein, à Vienne, à Munich, à Francfort, que sais-je ? et la guerre ne tarde pas à éclater entre nous et l'Autriche. Aujourd'hui, on t'envoie à Paris. Est-ce que nous allons avoir aussi la guerre avec les Français, ce peuple léger et frivole, si l'on veut, mais noble,

généreux, dans lequel ta sœur Wilhelmine a trouvé
un si digne époux, dans lequel tu as fait choix toi-
même de ta future épouse?

WALTER. — Je ne sais ce que l'avenir nous
réserve, ma mère, mais rien ne justifie encore vos
alarmes. J'avoue que l'arrogance française a fait
plus d'une blessure à l'orgueil allemand, et qu'il
faudra désormais bien peu de chose pour qu'une
lutte armée succède à un conflit diplomatique. Mais
le choc des nations n'empêche pas l'estime et l'affection entre les personnes. J'ai pour mon beau-
frère Didier un réel attachement, et pour Louise de
Montalban un amour qui ne s'éteindra jamais.

LA MÈRE. — Puisque tu vas en France, j'espère
que l'influence de ta sœur et de son aimable amie
fera justice dans ton esprit des préjugés et des
haines criminelles qui ont trop cours ici. Va, mon
enfant, la réflexion et l'expérience t'apprendront
comme à moi qu'il en est des États comme des
ménages. Les plus heureux sont ceux qui s'occupent le moins des autres et qui font le moins parler
d'eux-mêmes.

FIN DU DEUXIÈME ACTE.

TROISIÈME ACTE

Le roi GUILLAUME Ier.
Le CHEF DE SA MAISON MILITAIRE.
Le comte DE BISMARCK.
Le prince LÉOPOLD DE HOHENZOLLERN.
ABEKEN, conseiller intime.
TRUBE, chef de police.
Un ENVOYÉ DU PRINCE GORTSCHAKOFF.
Le général HERZOG.
Le colonel WALTER.
Le baron DE MONTALBAN.
DIDIER, humanitaire français.

HERZ
ARNOLD } socialistes prussiens.

PHILIP, patriote prussien.
LOUISE, fille du baron de Montalban.
WILHELMINE, femme de Didier.
FLORA.
OUVRIERS.

TROISIÈME ACTE

PREMIER TABLEAU

LES PRÉLUDES DE LA GUERRE CONTRE LA FRANCE

Le théâtre représente le palais de l'Exposition à Paris en 1867. La scène se passe dans le jardin de l'Exposition.

SCÈNE PREMIÈRE.

Le général HERZOG, le colonel WALTER, FLORA, FLITZ. Autres promeneurs.

(FLORA passe en costume excentrique.)

HERZOG à Walter. — Quels costumes ! Quels airs ! Peuple corrompu ! Est-ce qu'on voit de pareilles choses en Allemagne ?

FLITZ, qui a entendu en passant. — Vous parlez de cette dame, monsieur ? (Il montre Flora.)

HERZOG. — Oui.

FLITZ. — C'est une Allemande !

6.

HERZOG. — Voilà bien ces farceurs de Français ! Vous dites, monsieur ?

FLITZ. — Je dis que cette dame est une Allemande. Quant à moi, je suis Américain. (Il salue et s'en va.)

WALTER. — On vous dit la vérité, général. La dame au costume excentrique n'est autre que la baronne de Vinzenau chez qui S. Exc. le comte de Bismarck a passé hier la soirée. (Herzog ôte son chapeau.) Quant au monsieur qui vient de vous parler, je crois, en effet, le reconnaître pour un Américain qui a passé à Berlin l'année de la guerre du Danemark.

HERZOG. — Il n'y a donc que des étrangers ici !

WALTER. — Oh ! il y a bien quelques Français, mais si peu..... Voici ma sœur et son mari, et voici, avec son père, l'adorable personne dont j'ai demandé la main. (Présentations et salutations.)

SCÈNE II.

HERZOG. WALTER. M. et Madame DIDIER, M. et Mademoiselle DE MONTALBAN.

WALTER. — Mesdames, monsieur le baron, et vous, mon cher Didier, j'ai l'honneur de vous présenter mon ami, M. le général Herzog von der Kreussen. (Échange de salutations.)

DIDIER. — Soyez le bienvenu, général. La France est fière d'avoir attiré tant de personnages illustres à la grande fête pacifique qu'elle donne à l'univers. Il y a des préjugés contre nous au dehors, général. Nous espérons que l'immense rapprochement des peuples occasionné par l'Exposition achèvera de les dissiper. La France à ses anciennes gloires veut ajouter celle d'ouvrir l'ère de l'accord universel, de la fraternité des nations. (S'animant de plus en plus.) Nous sommes à la tête de la conspiration sublime qui tend à fonder l'harmonie internationale des intérêts, des sentiments et des idées. Le monde ancien ne connaissait pas d'autre instrument d'union que la conquête. Nous avons, nous, l'imprimerie, la vapeur et l'électricité, pour nous aider à faire la grande fusion désirée. Les frontières des États, criblées par les chemins de fer et le télégraphe électrique, sont destinées à disparaître. Déjà la guerre agonise, étouffée par le réseau chaque jour plus resserré des échanges et des intérêts. On se moquait jusqu'ici du rêve de l'abbé de Saint-Pierre. Le moment est venu de saluer en lui le prophète de l'avenir.

HERZOG. — Qu'a donc prédit cet abbé de Saint-Pierre ?

DIDIER. — La fraternité des peuples, général.

HERZOG. — J'entends. C'est un fou !

DIDIER. — Vous avez tort, général. L'avenir le

montrera. En tout cas, la France donnera le bon exemple. Elle ne veut plus lutter avec ses voisins que sur le terrain de la science, des arts, de l'industrie. Voilà nos guerres futures ! Voilà ce que signifie cette Exposition où nous sommes heureux de vous voir !

Herzog. — Elle est vraiment magnifique, monsieur ; mais je vous avoue franchement que je n'y trouve rien d'aussi remarquable que nos canons Krupp.

(Montalban et Didier se regardent ébahis. Herzog les quitte sans s'apercevoir de leur étonnement et va avec Walter et les dames.)

Didier, à Montalban. — Si je dis un mot de plus à un semblable butor, je consens à lui ressembler.

Montalban. — Cela vous étonne, monsieur Didier ! N'étiez-vous pas de ce groupe crédule qui, épris du beau rêve de la fraternité universelle, est allé, en compagnie du brave Garnier-Pagès aux longs cheveux, fraterniser à Berlin avec les démocrates allemands ?

Didier. — Oui, monsieur le baron.

Montalban. — Comment le spectacle des hommes et des choses d'outre-Rhin ne vous a-t-il pas ouvert les yeux ? Vous aviez cru de bonne foi que le temps des haines nationales était à jamais passé et que, s'il existait encore une science militaire, des armes et des soldats, c'était uniquement dans un but de défense. Vous avez fondé avec vos amis la Ligue internationale de la paix. Votre voyage en Prusse aurait dû vous convaincre que vous étiez le jouet d'une illusion, et d'une illusion qui peut nous être fatale. Tandis que nous sommes irrévocablement lancés dans les arts de la paix, Prussiens et même Allemands ne rêvent que guerre et conquêtes. Tandis que vous faites du désarmement le mot d'ordre de l'opposition libérale, l'armement, un armement colossal, continu, acharné, est chez eux le seul terrain où féodaux et libéraux se trouvent d'accord. Les quelques démocrates qui protestent contre cette tendance générale sont suspects ou qualifiés de traîtres. Ils ne jouissent, dans tous les cas, d'aucune influence. La haine, une haine féroce de la France, résume tout le patriotisme prussien. Ce sont bien les teutomanes aux oreilles raccourcies dont parle Henri Heine. Comme pour nous narguer, ce qu'ils envoient surtout à notre Exposition, ce sont des instruments de guerre..... et des lourdauds comme celui-là. (Il montre Herzog.) Imaginez de quelles sauvageries peut être souillée une guerre conduite par de pareils hommes!

DIDIER. — Tout cela est vrai, monsieur le baron, mais seulement pour le gouvernement de Berlin et la noblesse prussienne. La démocratie allemande a d'autres sentiments, et, si les chancelleries venaient à se brouiller, nous croyons que ses efforts, joints à ceux des démocrates français, empêcheraient le renouvellement des guerres impies d'autrefois.

MONTALBAN. — Encore une illusion dont l'avenir vous guérira, mon cher Didier !

(Ils passent en causant. Louise reparaît sur la scène avec Wilhelmine, Walter et Herzog.)

LOUISE, à Walter. — N'étiez-vous pas hier, colonel, au banquet des Tuileries ?

WALTER. — J'y étais, en effet, mademoiselle, mais, s'il faut vous dire la vérité, je n'y ai remarqué qu'une chose, c'est que vous n'y étiez pas.

LOUISE. — C'est très-galant, colonel. Je suppose toutefois que cela ne vous a pas empêché de voir et d'entendre. Donnez-nous donc un aperçu de la fête.

WALTER. — Mais tout s'est passé avec la plus grande cordialité et avec une exquise courtoisie de part et d'autre. L'Empereur et l'Impératrice ont été charmants pour leurs hôtes, qui tous emporteront de l'accueil reçu, ainsi que des merveilles de l'Exposition, un souvenir ineffaçable.

LOUISE. — Tout cela est bien vague. Est-ce que les hauts personnages qui se trouvaient là n'ont pas échangé quelques paroles, — de ces paroles vraiment amicales, élevées, civilisatrices, qui s'adressent en réalité aux peuples pour les inviter à la concorde et aux nobles émulations de la paix ?

HERZOG. — Pour moi, j'ai beaucoup remarqué

ceci. Tandis que l'Empereur écoutait avec une satisfaction visible les compliments qu'on lui adressait à l'envi, au sujet de l'Exposition, Sa Majesté, notre très-gracieux Roi, lui dit tout à coup : « Mais, Sire, il y a autre chose dans le monde que les arts, le commerce et l'industrie ! — Quoi donc ? » fit l'Empereur. Sa Majesté répondit : « Il y a la guerre ! »

Louise. — Ah ! votre gracieux Roi a dit cela à l'Empereur ! Et qu'a répliqué l'Empereur ?

Herzog. — Tous les témoins de ce petit incident ont pu constater, belle dame, qu'il était assez décontenancé. « Sans doute, a-t-il dit enfin avec un embarras visible ; aussi ne négligeons-nous pas nos devoirs militaires. »

Walter. — Le général oublie la fin de l'incident : c'est l'intervention de M. le comte de Bismarck qui s'est empressé de dire : « Est-ce que la guerre est possible à une époque de civilisation comme la nôtre ? En ce qui nous concerne, je l'ai déjà dit au colonel de Stoffel à Berlin : La guerre entre la France et la Prusse est une chimère ; il faudrait que vous vinssiez chez nous nous tirer des coups de fusil à bout portant. »

Herzog. — En effet, M. de Bismarck a bien dit cela, mais...

Walter, l'interrompant. — Cela prouve évidemment l'erreur de ceux qui pourraient supposer à la Prusse d'autres intentions que celle de conserver les relations les plus amicales avec tous les États en géné-ral, et avec la France en particulier.

Louise. — Ce qui est certainement méritoire, colonel, quand on songe aux soins spéciaux qu'elle donne à son armée et à la belle qualité de ses canons, dont nous voyons ici les spécimens.

Wilhelmine. — Mon Dieu! si on pouvait entendre parler d'autre chose que de guerre et de canons! Allons voir les fleurs!

(Elle emmène Louise dans une serre. Herzog les suit. Walter attend Montalban qu'il voit venir seul.)

Walter. — Me sera-t-il permis, monsieur le baron, de solliciter une réponse décisive à la demande que j'ai eu l'honneur de vous faire?

Montalban. — Je voulais ajourner cette réponse, colonel; mais, puisque vous m'y obligez, je vous réponds franchement que je ne puis me décider encore à me séparer de ma fille.

Walter. — Puis-je vous demander, monsieur le baron, le motif de ces retards dont j'ai déjà tant souffert?

Montalban. — Je n'ai pas à vous les cacher. J'ajourne mon consentement tout simplement parce que, malgré les apparences, nos rapports avec la Prusse sont de plus en plus tendus, et que je ne veux pas m'exposer à voir en présence mon fils dans une armée et le mari de ma fille dans l'autre.

WALTER. — Qu'est-ce qui vous fait prévoir une pareille éventualité ?

MONTALBAN. — Une foule de raisons. Nous sommes peut-être un peu susceptibles, mais vous êtes trop arrogants. Je ne sais si votre comte de Bismarck a conscience de ce qu'il fait, mais toutes ses paroles, tous ses actes, sonnent à nos oreilles comme des provocations. Après avoir, jusqu'à l'année dernière, fait espérer à l'Empereur des compensations territoriales pour l'agrandissement de la Prusse en Allemagne, ne savons-nous pas la façon hautaine avec laquelle il a repoussé les demandes modestes de la France, dès qu'il s'est cru sûr de l'appui de la Russie à la suite de la mission Manteuffel ? Dans l'affaire du Luxembourg, il vient de déployer vis-à-vis de nous une roideur et une morgue où il est difficile de ne pas voir un parti pris de nous pousser à bout. Nous sommes, je l'avoue, un peu chauvins ; mais vous êtes sur la voie de le devenir bien davantage. La Prusse est plus grise des fumées de Sadowa que la France de toutes ses victoires passées. Chez nous, du moins, la légèreté de caractère, l'oubli des injures, les tendances chevaleresques compensent les défauts de l'orgueil national. On parle bien quelquefois de la frontière du Rhin, mais en chanson, et personne ne prend la chose au sérieux. D'ailleurs, nous sommes travaillés d'idées humanitaires et pacifiques qui ne nous permettent plus aucune conquête. Chez vous, c'est tout le contraire. Vous vous souvenez des guerres de Napoléon, et même de celles de Louis XIV, comme si c'était hier, et vous songez à vous venger quand nous nous livrons à l'utopie d'un désarmement général. Nos hommes d'État sont crédules et imprévoyants ; vous êtes la défiance même, et vous vous préparez comme si la lutte décisive devait avoir lieu demain. Nous convions les peuples à la paix par la plus grande, la plus magnifique des Expositions universelles : vous y apportez surtout des canons, et avec eux la preuve que vous vous appliquez à la guerre comme à la première de toutes les industries. Voilà quelques-unes de mes raisons. Les autres, je ne puis les dire.

WALTER. — Elles sont donc bien graves ! Au fait, vous avez peut-être raison. Il y a dans chacun de nous en Allemagne deux natures opposées : celle de l'humanité qui nous dit que la guerre est effroyable, et celle de notre éducation allemande qui nous montre comme nécessaire et inévitable une guerre avec la France. Que voulez-vous ? Depuis les guerres de Napoléon, — depuis plus longtemps peut-être — nous sommes nourris de l'idée que l'humiliation, que dis-je ? le démembrement de la France, est réclamé par notre honneur et notre sécurité. Est-ce rancune, jalousie, ou bien simplement instinct et connaissance du danger ? Il y a probablement un peu de tout cela. C'est une situation fatale où nous ne pouvons rien et qui ne pourra s'améliorer qu'à la longue. Or, il me semble qu'au lieu d'être un motif de me refuser votre fille, cette situation devrait, au contraire, vous engager à me l'accorder. Outre que la politique n'a que faire dans les questions de sentiment, il est certain que la multiplicité des mariages entre les nations est le meilleur moyen de les rapprocher et de dissiper les haines et les préjugés qui les séparent.

MONTALBAN. — C'est vrai d'une manière générale. Mais, au point où en sont les choses, ce n'est pas là ce qui pourra prévenir un choc prochain entre nos deux nations. Voilà pourquoi je juge prudent, pour le bonheur de ma fille, de différer encore ce projet d'union. Agréez mes regrets, colonel, mais ma résolution est bien prise. (Il salue et s'en va.)

(Herzog sort de la serre.)

WALTER. — Général, le baron de Montalban vient de me refuser sa fille.

HERZOG. — Vous aimez donc bien cette petite Française, colonel ?

WALTER. — Comme un fou, mon général.

HERZOG. — Eh bien, quand nous prendrons Paris, et cela ne peut tarder, vous vous en emparerez et l'emmènerez en Allemagne, sans avoir besoin du consentement de personne.

DEUXIÈME TABLEAU

—

SCÈNE III.

LE ROI et sa maison militaire.

LE GÉNÉRAL, chef de la maison militaire du Roi, étalant devant lui une carte et des papiers. — Voici, Sire, la pièce que vous nous avez demandée. Dites un mot, et réalisant enfin cet admirable plan de campagne que l'illustre feld-maréchal de Moltke vous a remis depuis bientôt deux ans, l'armée allemande commence sa marche victorieuse sur Paris.

LE ROI. — Je partage, général, les ardeurs patriotiques de mon peuple et de ma brave armée, et je doute moins que personne de la victoire. Mais une guerre avec la France est toujours une grave entreprise, et nous assumerions une trop grande responsabilité si nous n'agissions pas, pour ainsi dire, à coup sûr, non-seulement au point de vue militaire, mais encore au point de vue diplomati-

…que. **Priez le comte de Bismarck de venir conférer avec moi.** (Le Roi reste seul, tout pensif, contemplant les cartes.)

SCÈNE IV.

LE ROI. BISMARCK.

BISMARCK. (Sa figure s'épanouit en voyant le Roi en contemplation devant la carte de France.) — Est-ce que Votre Majesté s'est enfin décidée à faire la guerre aux Français ?

LE ROI. — C'est précisément sur cette question, monsieur le comte, que je désirais m'entretenir avec vous.

BISMARCK. — La situation, Sire, peut se résumer en deux mots : Les Français sont incorrigibles. Vous vous souvenez des incidents du mois d'août 1866. Ils osèrent nous demander le Rhin jusqu'à Mayence. Je leur offris..... la Belgique et le Luxembourg. Puis, quand nous fûmes sûrs de l'appui de la Russie, je rompis toute négociation, sans attendre leur réponse. L'année d'après, vint l'affaire du Luxembourg. Si la Russie n'avait pas hésité, l'issue aurait été toute différente. Je m'en vengeai par la publication des traités conclus avec le Sud, publication faite le lendemain même du jour où le gros Rouher avait exposé à la tribune sa théorie des trois tronçons. Eh bien, toutes ces petites humiliations n'ont pas guéri notre vieux *Erbfeind,* sans pouvoir le décider toutefois à nous attaquer. Il se croit encore militairement le maître en Europe.

LE ROI. — Ma brave armée brûle de lui démontrer le contraire. On a déjà vu dans les duchés et en Autriche ce que c'est que le soldat prussien, le soldat de trois ans, que j'ai formé. Ce soldat, qui doit conquérir le monde, c'est mon œuvre, c'est ma gloire. On n'en appréciera bien le mérite que lorsqu'il aura battu les Français.

BISMARCK. — Les résultats du plébiscite ont confirmé nos renseignements sur le chiffre exact de l'armée française actuellement sous les drapeaux. Elle compte à peine 350,000 hommes, et nous pouvons lui en opposer immédiatement le double. Nos canons se chargeant par la culasse infligeront aux Français la même surprise désagréable que nos fusils à aiguille aux Autrichiens. Jamais l'occasion n'a été plus belle. J'ai une foule de rapports qui tous s'accordent à constater la désorganisation militaire de notre ennemi. Et puis, nous avons, à Paris même, un excellent allié.

LE ROI. — Lequel ?

BISMARCK, sortant de sa poche des journaux français. — Voici !

LE ROI. — Qu'est-ce ?

BISMARCK. — Ceci est la *Marseillaise,* de M. Rochefort, le journal le plus lu en ce moment à Paris. Elle publie tous les jours sous la rubrique : *Tribune militaire,* des appels directs à l'indiscipline.

LE ROI. — Et Napoléon souffre cela ?

BISMARCK. — Il se pique de libéralisme et n'est en réalité qu'un songe-creux. (Montrant un autre journal.) En voici un autre, plus modéré cependant, qui raconte les *Gaietés du sabre* et contribue ainsi à l'impopularité et à la démoralisation de l'armée.

LE ROI. — Est-ce que vous payez ces articles-là, monsieur le comte ?

BISMARCK. — Oh ! non, Sire. La Providence nous a permis d'économiser sur ce point le fonds des reptiles. Les idéologues français travaillent naturellement pour le roi de Prusse, et leur besogne n'en a ainsi que plus de prix. Leurs applaudissements au lendemain de Düppel et de Sadowa ne nous ont pas coûté un thaler. Entre les idéologues et nous, la France doit périr comme dans un étau. Mais il ne faut pas laisser à notre ennemi le temps de se raviser. D'ailleurs, et c'est ici l'argument décisif sur lequel j'appelle l'attention toute spéciale de Votre Majesté, notre situation à l'intérieur devient chaque jour plus inquiétante. Les États du Sud accentuent leur attitude hostile. Je crains une fédération entre la Bavière et le Wurtemberg. Les Hanovriens et les Hessois, sans parler des petits républicains de Francfort, ne dissimulent pas leurs regrets. Les particularistes l'ont partout emporté dans les élections, et la chose est d'autant plus grave que tous leurs candidats avaient mis en tête de leur programme la diminution des charges militaires. Les déficits budgétaires résultant des dépenses de l'armée s'accroissent dans des proportions sensibles. Notre ennemi s'est moqué de nos canons à l'Exposition de 1867 en disant : Que d'argent perdu ! Il aurait raison si nous ne nous en servions pas. Il faut sortir à tout prix de cette situation ridicule et dangereuse. Tout conspire pour nous garantir le succès. L'exemple de l'Italie, les imprudences et l'isolement de la France, les défiances de l'Angleterre éclairée sur ses véritables intérêts par le regretté prince consort, les justes ressentiments de la Russie ont créé une de ces situations qui ne se retrouvent pas deux fois dans l'histoire d'une nation. Ce serait un crime pour un homme d'État de ne pas en profiter. La poire est mûre, il faut la cueillir. Je conclus comme Caton : *Delenda Carthago.*

Le Roi. — Mais nous ne pouvons pas cependant, monsieur le comte, leur déclarer la guerre sans aucun motif.

Bismarck. — Leur déclarer la guerre ! Ah ! Sire, je serais indigne d'être votre premier ministre si je vous donnais un semblable conseil. Il faut que ce soit Napoléon lui-même qui nous la déclare.

Le Roi. — Comment cela ?

BISMARCK. — Que Votre Majesté veuille m'écouter! Le trône d'Espagne est vacant. Prim n'ose pas s'y asseoir. J'avais pensé d'abord au duc de Montpensier, mais son duel avec l'infant Henri a rendu la chose impossible. Pourquoi ne mettrions-nous pas à Madrid un membre de l'auguste famille de Hohenzollern ?

LE ROI. — Il y en a déjà un à Bucharest, et il ne demande qu'à s'en aller.

BISMARCK. — N'importe! On ne saurait trop habituer les gouvernements et les peuples à des princes prussiens. Au reste, il s'agit bien moins cette fois d'installer un Hohenzollern à Madrid que d'infliger aux Français une avanie qui leur fasse perdre le peu de tête qu'ils ont. Nous pourrons, pour rendre la pilule plus amère, rappeler à Napoléon qu'il a fort bien reçu aux Tuileries le prince Léopold et sa sœur quand ils lui rendirent visite en 1867. C'est donc une surprise agréable que nous voulons lui faire..... comme celle du prince Charles de Roumanie qu'il a si bien patronnée lui-même.

LE ROI. — Eh bien, faites appeler le prince Léopold.

BISMARCK. — Je l'avais déjà fait prévenir, Sire. Le voici !

SCÈNE V.

LE ROI, BISMARCK, LÉOPOLD DE HOHENZOLLERN.

LE ROI. — Prince, je vous annonce une heureuse nouvelle. Nous avons résolu de vous faire roi d'Espagne.

LÉOPOLD. — Sire, veuillez me permettre de ne pas accepter.

LE ROI. — Les princes de la famille royale de Prusse doivent obéir sans raisonner. Je vous ai fait connaître ma volonté. Monsieur le comte, écrivez au maréchal Prim que le prince Léopold de Hohenzollern accepte la couronne d'Espagne et que le roi de Prusse, comme chef de la maison de Hohenzollern, ne s'y oppose pas.

SCÈNE VI.

BISMARCK seul.

(Il écrit au feld-maréchal de Moltke.)

« Monsieur le comte, je viens de décider Sa Majesté à permettre au prince Léopold de Hohenzollern d'accepter la couronne d'Espagne. Il faut que dans un mois l'armée allemande soit prête à entrer en France. » (A un officier.) Portez immédiatement cette lettre au feld-maréchal de Moltke. (Il regarde l'heure à sa montre.) Maintenant je peux partir pour Varzin. Je n'ai pas perdu ma journée.

TROISIÈME TABLEAU

—

—

SCÈNE VII.

HERZ, ARNOLD, PHILIP, et d'autres Ouvriers.

ARNOLD, chef de l'atelier. — Tu as l'air bien gai, Philip !

PHILIP. — Oui, maître, c'est qu'il y a du nouveau.

TOUS. — Quoi donc ?

PHILIP. — Le prince Léopold de Hohenzollern est nommé roi d'Espagne.

ARNOLD. — Le prince Léopold ! Mais il n'y est jamais allé. Sait-il au moins parler l'espagnol ?

PHILIP. — Qu'importe ! Le Roi et le Comte l'ont désigné. Les Espagnols n'ont qu'à le prendre.

UN OUVRER. — Je ne croyais pas que le succès du prince Léopold pût te rendre si gai, camarade !

PHILIP. — Vous ne comprenez donc pas que c'est la guerre avec la France ?

ARNOLD. — Diable ! Et pourquoi ?

PHILIP. — Comment voulez-vous qu'avec leur

orgueil démesuré, les Français supportent tranquillement l'intronisation d'un prince prussien à Madrid ?

Arnold. — C'est donc nous qui leur cherchons querelle... et une vraie querelle d'Allemand ! (Les ouvriers ricanent.) Jeunes gens, vous avez tort de vous réjouir d'un conflit dont le résultat certain sera la mort ou la mutilation de milliers de braves gens, et, qui sait ? peut-être l'invasion de notre pays... sans parler du tort immense que cela va faire au travail, aux ouvriers comme aux patrons.

Philip. — Ce sera dur certainement, mais nous serons vainqueurs et nous ferons payer à l'ennemi les frais de la guerre. Il y a longtemps que M. de Moltke se prépare, et nous sommes sûrs de la victoire.

Arnold. — Ce n'est donc pas une guerre, c'est un guet-apens !

Philip. — La guerre n'est pas autre chose. Est-ce que vous aimez les Français, vous ? Ne savez-vous pas qu'avec eux il n'y a pas de tranquillité possible en Europe ? La gloire de l'Allemagne sera de les mettre à la raison.

Arnold. — Il paraît que nous ne comprenons pas les mots de la même façon. Vous appelez gloire, vous autres qui êtes jeunes, ce qui n'est souvent que le reflet rouge d'une grande tuerie d'hommes. Moi, je ne reconnais de vraie gloire que celle qui se base sur la justice ou sur de grands services rendus à son pays ou à l'humanité. Je n'admets les tueries qu'en cas de légitime défense. Nous avons déjà fait la guerre au Danemark et à l'Autriche, et nous les avons vaincus. Notre orgueil national s'en est exalté, mais je ne sais pas si, dans la balance divine, où tout se pèse avec impartialité, le plateau de la gloire et des conquêtes ne restera pas plus léger que l'autre. Que de monceaux de cadavres, que de ruines, ont été la conséquence de ces entreprises ! Trois ouvriers de cet atelier ont laissé leurs os à Sadowa, comme tu laisseras peut-être, Philip, les tiens en France. Après avoir mis le Danemark et l'Autriche à la raison, c'est la France qu'il s'agit d'y mettre maintenant, car il paraît qu'il n'y a plus que nous de raisonnables en Europe. On trouve donc qu'il n'y a pas assez de veuves et d'orphelins en Allemagne ! Comment ne vois-tu pas, mon pauvre Philip, que le peuple est toujours dupe en ces affaires, et que tout ce qui tend à faire entre-tuer les hommes n'est ni glorieux ni profitable, et ne mérite que la réprobation des hommes sensés ?

Philip.— Il est impossible deraisonner avec vous, Arnold. La politique n'a rien à faire avec la simple morale. D'ailleurs, le grand but que nous poursuivons justifie tout. C'est pour fonder une paix durable que nous voulons écraser la France.

Arnold. — Les Français, Philip, ne disaient pas

autre chose quand ils faisaient peser sur nous, au commencement de ce siècle, un joug impitoyable.

PHILIP. — Vous parlez bien, maître, mais vos paroles ne sont pas de saison... et, comme l'heure du départ a sonné, vous nous permettrez d'aller boire, à la brasserie voisine, à la défaite des Français et aux prochaines victoires allemandes. (Les ouvriers sortent.)

HERZ, qui jusque-là n'a rien dit. — Ami Arnold, tu perds ton temps. Dans les circonstances actuelles, ils ne peuvent pas te comprendre. Mais cette politique de fer et de sang, que tu as justement stigmatisée, va avancer providentiellement l'heure où l'Allemagne apprendra à voir et entendre, à penser et agir par elle-même. Sous l'influence de préoccupations dynastiques et personnelles, bien plus que pour soutenir notre honneur et nos intérêts, le Roi et les hobereaux mettent aujourd'hui aux mains deux nations qui, au fond, ne demandaient qu'à vivre en paix : guerre impie où le vainqueur sera le vaincu, car la victoire achèvera de l'affoler, tandis que la défaite fera probablement faire au vaincu d'utiles réflexions. Le comte de Bismarck ne se doute pas, malgré sa clairvoyance, qu'en réveillant l'Allemagne de son long sommeil, il a réveillé un lion qui ne se rendormira plus et qui demandera autre chose à ses gouvernants que ce qu'ils lui ont donné jusqu'ici. Illustre comte, tu vaincras l'Europe, mais tu n'en auras rendu que plus certain le triomphe de la démocratie. Grâce à toi, la fleur rouge du progrès allemand mûrira dix ou vingt ans plus tôt! Roi et hobereaux, vous vous trompez si vous croyez accaparer tous les fruits de la victoire. Si vous ne payez le peuple en liberté, comme vous payez les généraux en dotations, nous nous retrouverons après la guerre!

QUATRIÈME TABLEAU

—

L'action se passe à Ems, le 13 juillet 1870.

———

SCÈNE VIII.

BISMARCK, TRUBE et ABEKEN.

BISMARCK, arrivant de Varzin, tout botté et ayant son manteau de voyage. (A son secrétaire.) — Trübe et le conseiller Abeken sont-ils ici ?

LE SECRÉTAIRE. — Oui, Excellence, les voici. (Il sort.)

BISMARCK, à Trübe. — Veuillez me raconter ce qui s'est passé depuis vos derniers rapports, en me précisant les faits et gestes de l'ambassadeur de France.

TRUBE — Monsieur le comte, l'ambassadeur, arrivé ici le 8, a vu Sa Majesté dès le lendemain. Le Roi a répondu par une fin de non-recevoir très-polie, mais très-nette, en disant qu'il ne connaissait l'affaire que comme chef de famille et non comme roi de Prusse, et qu'il ne pouvait d'ailleurs intervenir sans s'exposer à blesser la fierté de la nation espagnole.

Bismarck. — Après?

Trube. — M. Benedetti a revu Sa Majesté le 10. Le Roi a dit qu'il n'avait aucune réponse du prince Léopold. L'ambassadeur est revenu le 11, mais sans mieux réussir que les jours précédents ; Sa Majesté refuse toujours d'intervenir dans cette affaire. Hier, nouvelle entrevue, nouvelles insistances, nouveau déclinatoire.

Bismarck. — Et aujourd'hui ?

Trube. — L'ambassadeur a encore vu le Roi ce matin. Il lui a parlé de la renonciation du prince Léopold et a voulu obtenir de Sa Majesté la déclaration qu'elle empêcherait, au besoin, le prince de renouveler sa candidature. Sa Majesté a refusé.

Bismarck. — C'est bien ! (A Abeken.) Monsieur le conseiller, que disent nos dernières dépêches de France ?

Abeken. — Elles sont excellentes pour nous, monsieur le comte. Le sire de Paris est furieux et a vu dans l'affaire Hohenzollern une offense personnelle. L'opposition parlementaire est à l'affût, prête à l'accuser de folie et de témérité s'il lève le gant, et de lâcheté s'il supporte l'affront.

Bismarck. — Cela devait être. La France ne voudrait pas me faire mentir. C'est elle qui nous déclarera la guerre. (A Trübe.) Mais je vous avais chargé de veiller sur le prince Léopold. Comment se fait-il que vous l'ayez laissé renoncer au trône d'Espagne?

TRUBE. — Mon agent ne l'a pas plus quitté que son ombre. Ce n'est pas le prince Léopold, monsieur le comte ; c'est son père qui a signé la renonciation.

BISMARCK. — Je suivais de Varzin fort heureusement cette intrigue dirigée contre nous, et je l'ai fait servir à nos projets. Nos agents à Paris en ont profité pour laisser croire à Napoléon qu'il pouvait nous imposer de nouvelles exigences. Napoléon prétend aujourd'hui obtenir de la main royale un engagement écrit pour l'avenir. Son ambassadeur a osé infliger à notre auguste monarque cette humiliation !

ABEKEN. — La démarche a eu lieu, en effet, mais dans une forme qui n'avait rien d'offensant pour Sa Majesté. Tout s'est passé fort courtoisement. A vrai dire, le Roi a été assez embarrassé. Il vous attendait, monsieur le comte.

BISMARCK. — Eh bien, me voici. (Il s'assied et écrit.) Cette note est pour l'agence Wolff, qui devra la télégraphier à tous les journaux de l'Europe. Lisez !

TRUBE lit.— « Après que la nouvelle de la renonciation du prince Hohenzollern eut été communiquée officiellement au gouvernement français, l'ambassadeur français à Ems a demandé, de plus, que

S. M. le Roi s'engage, pour tous les temps à venir, à ne jamais de nouveau donner son consentement si les Hohenzollern devaient présenter de nouveau leur candidature. Là-dessus, S. M. le Roi a refusé de recevoir de nouveau l'ambassadeur français, et lui a fait dire par l'adjudant de service que Sa Majesté n'avait plus rien à communiquer à l'ambassadeur. »

ABEKEN. — Mais ce n'est pas exact, monsieur le comte. La vérité est...

BISMARCK. — La vérité est dans l'erreur, monsieur le conseiller. Si Sa Majesté n'a pas fait dire cela en ces termes à l'ambassadeur, la politesse seule l'en a empêché. Quant à nous qui faisons de la politique et non de la politesse... (Un secrétaire entre.) Qu'y a-t-il donc ?

LE SECRÉTAIRE. — Monsieur le comte, c'est l'envoyé du prince Gortschakoff que vous attendiez.

BISMARCK. — Introduisez-le. (A Trübe et Abeken.) Revenez, messieurs, quand l'envoyé sera parti. (Il garde la dépêche.)

SCÈNE IX.

BISMARCK et UN DIPLOMATE RUSSE.

BISMARCK. — Monsieur, l'heure décisive est venue. La France nous menace. Sa vanité la pousse à sa perte. Le sort des armes va décider entre nous. Le czar Nicolas sera vengé. Chaque peuple du Sud et de l'Ouest a eu son heure. C'est au tour maintenant de la Prusse et de la Russie. Voilà ce que j'ai fait dire, en substance, au prince chancelier. Il a dit que vous m'apporteriez sa réponse.

L'Envoyé. — Monsieur le comte, le prince chancelier répond qu'il n'aime pas plus la France que vous. Il trouve seulement que vous tentez une entreprise dont les conséquences sont incalculables. Si vous êtes battu, la France sort de la lutte démesurément agrandie, et qui sait le contre-coup que sa victoire peut avoir en Pologne? Si vous l'emportez, de nouveaux problèmes non moins graves surgissent. La vieille Europe est un édifice si lézardé qu'on ne peut guère toucher à une pierre sans que l'édifice entier menace ruine.

Bismarck. — Nous le reconstruirons en entier.

L'Envoyé. — Sur quelles bases ?

Bismarck. — Nous garantissons à la Russie sa liberté d'action en Orient. Que la Russie garantisse à l'Allemagne sa liberté d'action en Occident.

L'Envoyé. — Le prince chancelier accepte ce pacte et prend acte de votre engagement. Marchez donc si vous vous en sentez la force. Les souvenirs de la guerre de Crimée et surtout de la politique française pendant la dernière insurrection de Pologne, non moins que l'amitié de nos souverains, vous assurent la neutralité bienveillante de la Russie. Voilà ce que m'a chargé de vous dire le prince chancelier. (Il sort.)

SCÈNE X.

BISMARCK, puis TRUBE et ABEKEN, enfin MOLTKE.

BISMARCK. — Décidément, si je n'existais pas, je finirais par croire qu'il n'y a rien de si aveugle qu'un diplomate! Le prince Gortsckakoff n'est pas plus clairvoyant que les autres. En nous laissant battre la France, il sert doublement notre politique, car, l'*Erbfeind* de l'ouest étant battu, l'*Erbfeind* éventuel de l'est a perdu du même coup son seul allié possible. Le prince Gortschakoff fait les mêmes calculs que Napoléon III en 1866. Il croit que la lutte sera longue, et que l'Allemagne et la France en sortiront toutes deux très-affaiblies. Un avenir prochain lui démontrera son erreur. En vérité, pour être habile politique, il suffit de savoir profiter des fautes des autres. (Il sonne. — Trübe et Abeken reparaissent.) Messieurs, faites communiquer immédiatement cette note à l'agence Wolff. (Ils sortent.) Nous verrons maintenant comment les Français sortiront de là! (Bismark sonne de nouveau.) M. le feld-maréchal comte de Moltke est-il arrivé?

UN SECRÉTAIRE. — Il arrive à l'instant. (Moltke entre.)

BISMARCK. — Monsieur le feld-maréchal, le moment est venu de vous remettre l'ordre de mobilisation signé par Sa Majesté avant mon départ pour Varzin. Le voici ! Vous y mettrez la date de la déclaration de guerre que les fous de Paris nous enverront. (Il sort.)

MOLTKE, seul. — Le jour est enfin arrivé ! Ah ! la France va payer cher les victoires de Napoléon Ier et l'imprévoyance de Napoléon III. (Quelques officiers de son état-major paraissent.) Messieurs, dans un mois à Paris !

QUATRIÈME ACTE

Le Roi GUILLAUME.
Le comte DE BISMARCK.
Le feld-maréchal DE MOLTKE.
Le général HERZOG.
UN OFFICIER RUSSE.
UN OFFICIER AUTRICHIEN.
UN OFFICIER ITALIEN.
BUSCH, secrétaire de Bismarck.
TRUBE, chef de police.
LOREMBERG, banquier israélite.
SCHWARTZ, lieutenant d'artillerie.
RICHARD WAGNER, le compositeur.
HIDALGO, diplomate espagnol.
FLITZ.
ARISTIDE, son domestique noir.
Le baron DE MONTALBAN.
LOUISE, sa fille.
DIDIER.
ROLLIN, capitaine français.
UN AUTRE CAPITAINE FRANÇAIS.
UN AÉRONAUTE.
UN BLESSÉ FRANÇAIS.
UN BLESSÉ SAXON.
L'OMBRE DE CHARLEMAGNE.
L'OMBRE DE NAPOLÉON Ier.

JOHNSON
JEAN DURAND } hors de l'action.

QUATRIÈME ACTE

PREMIER TABLEAU

SCÈNE PREMIÈRE

Le Général HERZOG, FLITZ, Officiers et Soldats.

HERZOG. — Quel est le nom de ce village où les habitants ont tiré sur les Bavarois ?

Un Officier. — Bazeilles.

HERZOG. — Allez dire au commandant bavarois d'y mettre le feu. Cela apprendra aux paysans français ce qu'il en coûte de tirer sur les soldats allemands. Partout où vous rencontrerez de la résistance, n'hésitez pas à faire des exemples. Fusillez surtout les maires, les curés et les notables pour les punir de n'avoir pas retenu la population. C'est encore rendre un service aux Français. Cela empêchera un plus grand nombre de faire des sottises. Allez !

(L'officier part avec ses hommes.) **Je vous salue, monsieur l'Américain. Vous voyez que nous menons rondement la** *grrrrrande nation.* **L'armée de Bazaine, la seule qui pût se mesurer avec nous, est solidement bloquée dans Metz par le prince Frédéric-Charles : elle n'en sortira que prisonnière. Napoléon, cerné à Sedan, va bientôt capituler avec les débris de son armée. La guerre est terminée, et nous apprendrons bientôt à quelles conditions la paix peut être signée.**

Flitz. — **Votre triomphe, en effet, n'est plus douteux, général. J'espère que votre gouvernement saura en user avec sagesse, c'est-à-dire avec modération.**

(Herzog sourit d'un air moqueur et s'en va.)

SCÈNE II.

LE ROI et son État-major. BISMARCK. Officiers étrangers.

(Ils descendent de cheval et suivent avec leurs lorgnettes les péripéties de la bataille. On aperçoit à droite Bazeilles, où l'on met le feu; au loin Sedan, vers lequel convergent les fuyards. Sur divers points, des colonnes de fumée témoignent que la bataille continue.)

Le Roi. — **Notre victoire est encore plus complète qu'à Sadowa. Grâces soient rendues au Très-Haut, dont la protection puissante a rendu notre armée invincible !**

Bismarck. — **Voilà, certes, un dénoûment que ne**

prévoyait pas Napoléon III quand il nous recevait en 1867 avec tant de faste et d'ostentation au milieu des merveilles de son Exposition.

UN AIDE DE CAMP, arrivant. — Sire, les Français proposent de se rendre. Le feld-maréchal de Moltke exige une capitulation sans conditions. Le général Reille, aide de camp de l'Empereur, doit se présenter tout à l'heure ; il est chargé de négocier une entrevue entre l'Empereur et Votre Majesté.

BISMARCK, au Roi. — Sire, permettez-moi d'aller au-devant de Napoléon III ; Votre Majesté ne peut le recevoir avant qu'il ait signé lui-même la capitulation de l'armée française tout entière. (On aperçoit des colonnes de fumée qui s'élèvent du milieu de Sedan.) Voyez, Sire, c'est la fumée de l'empire napoléonien !

LE ROI. — Ah ! je crois bien que cette fois notre revanche d'Iéna est complète.

BISMARCK. — Votre Majesté se trompe. Oubliez-vous, Sire, que Napoléon Iᵉʳ est entré à Berlin ? Oubliez-vous qu'il a obligé les autorités à lui remettre les clefs de la ville sur un plat d'argent ? Oubliez-vous les outrages dont il a abreuvé la reine Louise ? Le souvenir de votre auguste mère fuyant à Memel, mourante de froid et de faim, et enfin minée et tuée par la lente douleur du traité de Tilsitt, est-il effacé de votre cœur ?

LE ROI, ému. — Ces choses-là ne sont pas de celles qu'on puisse oublier !

BISMARCK.—Quand l'heure des négociations sonnera, Votre Majesté verra que son fidèle ministre les a moins oubliées que personne.

(Le Roi suivi de son état-major s'en va avec Bismarck. Les officiers étrangers qui s'étaient tenus à l'écart se rapprochent.)

SCÈNE III.

LES OFFICIERS ÉTRANGERS, FLITZ, ARISTIDE, SOLDATS, BLESSÉS.

(Le mouvement de la bataille gagne le théâtre. Il passe des détachements de troupes. On apporte des blessés.)

UN OFFICIER ITALIEN.— Ici tout près, un bataillon de zouaves s'est battu en désespéré. Mais que peut faire le sabre contre le canon? Ah! mes pauvres compagnons d'armes de Palestro et de Magenta!

UN AUTRE OFFICIER. — Là-bas, à Bazeilles, les Bavarois ont repoussé sans distinction hommes, femmes et enfants dans leurs maisons embrasées.

(Un régiment français fait prisonnier défile sur la scène devant les vainqueurs. La musique prussienne joue par ironie la *Marseillaise* en changeant le refrain : *Aux armes, citoyens!* par celui de *Marlborough s'en va-t-en guerre!* Le défilé terminé, les vainqueurs sortent du théâtre à la suite des vaincus.)

UN OFFICIER AUTRICHIEN. — La France nous avait fatigués avec ses victoires et par son orgueil. Hélas! elle ne peut plus nous inspirer aujourd'hui qu'une compassion profonde.

(Flitz reste un moment seul avec son noir. Un officier russe arrive.)

LE RUSSE. — Vous connaissez le dénoûment, monsieur l'Américain ? Napoléon a envoyé son épée au roi Guillaume. Je n'aimais pas la France ; eh bien, vous pouvez m'en croire, je suis effrayé de sa chute et du vide qu'elle va laisser en Europe. Maintenant qu'elle n'est plus à craindre, toutes ses qualités chevaleresques me reviennent à l'esprit. Je me rappelle avec quelle courtoisie elle a terminé la guerre de Crimée, au grand désappointement de l'Angleterre, notre ennemie acharnée. Je ressens déjà quelque chose d'assez semblable aux anxiétés que la France éprouva elle-même après Sadowa. Ah ! je crains bien que la Russie n'ait commis une grande faute en laissant ainsi abattre son ancienne et généreuse adversaire.

FLITZ. — Elle en commettrait une plus grande si elle laissait s'accomplir les projets de conquête que ne dissimule plus l'état-major prussien.

SCÈNE IV.

FLITZ seul avec ARISTIDE, puis TRUBE.

(Le noir a chargé le corps d'un général mort pour le retirer du milieu de la route. Il le dépose contre un mur.)

ARISTIDE. — Massa, général mort pèse pas plus que soldat mort.

FLITZ. — *Quot libras in duce summo !* Juvénal

ne s'attendait pas à voir son mot deviné par un malheureux nègre.

ARISTIDE, qui a assis le corps du général mort contre un mur. — Massa, on dirait lui vivant;— on dirait va parler !

FLITZ. — S'il pouvait parler, il dirait probablement que toutes les politiques, celle de l'auguste vainqueur comme celle de l'ex-auguste vaincu, pèsent encore moins, à la balance du bon sens, que son corps ne pèse sur tes épaules.

ARISTIDE. — Massa, voyez milliers et milliers cadavres. Jamais carnage semblable en Afrique...

FLITZ. — Tais-toi !

(Le nègre se retire et dépouille des cadavres tandis que Flitz est absorbé par ses réflexions.)

FLITZ, seul. — Pauvre France ! Malheureuse Allemagne ! Ah ! si le succès de mes efforts pouvait rapprocher de vous cette paix dont vous séparent aujourd'hui des fleuves de sang ! Quel est ce groupe ? C'est Bismarck qui rend compte au Roi de sa conversation avec le César couchant. Le César levant est radieux. Le voilà qui rentre dans sa tente. Il va rêver de nouveaux triomphes. Que de pauvres diables pour qui tous les rêves sont finis ! Ah ! voici une figure de connaissance. L'honnête Trübe va servir bon gré, mal gré, à l'exécution de mon projet. (A Trübe.) Herr Cabinetsrath, je désire parler à M. le comte de Bismarck.

TRUBE. — Son Excellence est très-fatiguée des incidents de la journée et ne peut recevoir personne avant demain.

FLITZ. — Les affaires politiques ne s'ajournent pas au lendemain, monsieur le conseiller, surtout dans les circonstances actuelles. (Il tire une lettre de sa poche.) Je vous invite formellement à faire passer ceci à Son Excellence, et sans délai.

(Trübe part avec la lettre. M. de Bismarck paraît peu après.)

SCÈNE V.

BISMARCK et FLITZ.

BISMARCK. — C'est vous, monsieur l'officier américain, qui avez sollicité de moi une audience en me faisant remettre cette lettre?

FLITZ. — Moi-même, monsieur le comte.

BISMARCK. — L'éminent homme d'État, votre ami, me prie de vous accorder un moment d'entretien. Ce sera pour moi, dit-il, l'occasion de connaître l'opinion de la libre Amérique sur les événements d'Europe. Je vous écoute.

FLITZ. — Ma tâche, monsieur le comte, est bien simple. L'Amérique avait prévu votre victoire, et elle la saluera avec bonheur, car l'expédition du Mexique et l'appui moral donné aux Sudistes ont effacé ses anciennes sympathies françaises. L'Amérique, — non pas le gouvernement américain qui est complétement en dehors de ma démarche,— mais l'opinion américaine, après vous avoir félicité, vous dit par ma bouche : Soyez magnanimes comme vous êtes forts !

BISMARCK. — Nous sommes l'un et l'autre, monsieur l'Américain. La preuve, c'est que nous nous contenterons d'imposer à la France une indemnité de guerre de huit ou dix milliards avec la cession de l'Alsace-Lorraine.

FLITZ. — Permettez-moi, monsieur le comte, de vous demander ce que vous lui imposeriez si vous vouliez abuser de votre victoire.

BISMARCK. — Nous lui demanderions vingt milliards, et nous prendrions la France jusqu'à la Loire, puisqu'aujourd'hui personne ne peut nous en empêcher.

FLITZ. — Je le reconnais; mais combien durerait cet état violent? Vous savez fort bien que ce serait éterniser la guerre en Europe et exciter des défiances et des jalousies sous lesquelles l'Allemagne de 1871, malgré son admirable organisation militaire, malgré le génie de ses hommes d'État et de ses généraux, finirait par succomber, comme a succombé la France de 1815, malgré le génie de Napoléon Ier.

BISMARCK. — Vous devriez comprendre, de votre côté, monsieur l'Américain, que les Français ne nous pardonneront jamais leur défaite, qu'une nouvelle guerre avec eux est inévitable, que la prudence la plus vulgaire nous commande de prendre dès aujourd'hui nos précautions.

FLITZ. — La plus sérieuse des précautions, la seule sûre, monsieur le comte, est celle que je viens vous conseiller. Les sympathies du monde, qui sont aujourd'hui pour vous, seraient bientôt, si vous abusiez de la victoire, pour votre ennemi dont la faiblesse, d'ailleurs, ne provient pas uniquement de ses vices. Peut-être n'auriez-vous pas triomphé de la France avec autant de facilité si elle s'était moins abandonnée à de généreuses illusions, si elle n'avait pas cru naïvement à une ère nouvelle de raison et de fraternité, si elle n'avait pas enfin brisé prématurément avec les faux dieux qu'adore encore et qu'adorera longtemps le reste de l'Europe. Ne forcez pas le monde à penser que votre victoire, pardonnez-moi une liberté de langage tout américaine, est une sorte d'abus de confiance. La vraie victoire est celle que vous pouvez remporter aujourd'hui et à laquelle applaudirait l'ancien comme le nouveau monde. Après avoir battu les Français, sachez vous vaincre vous-mêmes, en refoulant ces idées d'orgueil et de conquête qui troublent l'esprit de tous les conquérants. Imposez à la France une juste indemnité, mais n'allez pas au delà. Ne touchez pas à son territoire. Vous acquerrez ainsi une gloire supérieure à celle de tous vos prédécesseurs et comparable seulement à celle de notre grand Washington. La France elle-même sera obligée de vous admirer et, de gré ou de force, se trouvera désarmée par votre magnanimité. Vous aurez fondé ainsi sur des bases durables la paix de l'Allemagne et du monde.

BISMARCK. — Nous partons, monsieur l'Américain, de points de vue si divergents que nous aurons, je crois, beaucoup de peine à nous entendre. Vous avez l'air de croire que les hommes sont faits pour se regarder et s'admirer mutuellement. Moi, je constate, en me basant sur la nature humaine, qu'il faut qu'ils se disputent et parfois qu'ils se tuent. L'histoire, qui vaut bien votre idéologie, nous montre que le progrès n'est qu'à ce prix. Il fallait du fer, du feu et du sang pour faire l'Allemagne et régénérer la France. Eh bien, en voilà !

FLITZ. — Si l'histoire montre que cela se passe trop souvent ainsi, la conscience et la religion sont d'accord pour déclarer que cela pourrait et devrait se passer autrement. D'ailleurs, en prenant ces tristes faits pour des principes, on irait loin. Nous avons la même religion, monsieur le comte. Le Christ a prêché l'amour et le pardon des injures. Il s'est laissé crucifier.....

BISMARCK. — Ce n'est pas ce qu'il a fait de mieux. En politique, il faut crucifier son ennemi sans hésitation si l'on ne veut pas plus tard être crucifié soi-même.

FLITZ. — Il y a, monsieur le comte, un autre champ de bataille ou plutôt d'émulation où vous pourriez appeler et vaincre votre ennemi : c'est la lutte contre la nature, contre l'ignorance et les préjugés. L'Amérique y a convié depuis longtemps le monde. Accordez la paix, une paix digne, au vaincu. Ne le saignez pas en lui arrachant des territoires qu'une possession séculaire a faits siens. Rappelez-vous ce que le boulet vénitien a coûté à l'Autriche. Prenez la tête du vrai progrès. Soyez un conquérant d'une nouvelle espèce, d'une espèce que tout le monde puisse admirer. Vous souriez, monsieur le comte? Eh bien, craignez que la France ne prenne cette place que vous laissez vacante. Craignez de manquer l'unique occasion d'être vraiment grand.

BISMARCK. — Tout cela est très-beau, monsieur, mais peu praticable. Au reste, je veux, tant votre bonne foi me séduit, vous parler avec une entière franchise. Lors même que je serais d'humeur à suivre vos conseils, il me serait impossible de les faire accepter au Roi et à son entourage militaire. Pourquoi demander aux Prussiens d'être plus sages que les autres hommes? Nous sommes vainqueurs, nous profitons de notre victoire comme cela s'est toujours fait. Nous reprenons l'Alsace-Lorraine, que Louis XIV nous a volée, il y a deux siècles.

Flitz. — Mais les Alsaciens et les Lorrains ne veulent pas de vous !

Bismarck. — Lorsqu'un enfant a quitté la maison paternelle pour fuir avec des saltimbanques, et que, encanaillé avec eux, il refuse de rentrer, le devoir du père de famille est d'employer la force. C'est ce que nous ferons au besoin. Recueillons d'abord le fruit légitime de notre sang versé. La magnanimité après la prudence ! Je vous prie de m'excuser, monsieur l'Américain. Il me semble que nous n'avons plus rien à nous dire. Vous êtes un grand philosophe. Mais le monde est aux hommes d'action.

(Il salue et s'en va.)

Flitz, seul. — Il est écrit là haut que le succès aveugle les plus clairvoyants. Ah ! Progrès humain, on ferait mieux de t'appeler Écrevisse ! Allons, courage ! avec les dispositions de ces gens-là, la boucherie pourrait bien ne faire que commencer. (Allant à son cheval.) Viens ici, Potomac, et réjouis-toi d'être un quadrupède, car il n'y a pas de quadrupède aussi fou que le bipède de génie à qui je viens de parler.

DEUXIÈME TABLEAU

—

UN RÊVE

SCÈNE VI.

JOHNSON, DURAND, les personnages du rêve.

DURAND. — Il me semble, Johnson, que la scène change de nouveau. J'aperçois une ville, mais ce n'est plus Sedan, et la campagne n'est plus, comme tout à l'heure, semée de mares de sang, de cadavres et d'armes brisées. Où nous avez-vous transportés?

JOHNSON. — Ne reconnaissez-vous pas le dôme des Invalides et le tombeau de Napoléon Ier ? Le vieux roi Guillaume vient de s'endormir, et sa pensée s'est envolée vers Paris. Il pénètre dans l'église des Invalides et met le feu à tous les anciens drapeaux, trophées des victoires françaises. Il s'approche du magnifique mausolée pour prendre l'épée et la couronne de Napoléon. Celui-ci se redresse. Les lèvres de la statue s'agitent. L'homme de marbre parle. L'entendez-vous?

(On aperçoit la statue de Napoléon Ier.)

NAPOLÉON. — Qui va là ?

GUILLAUME. — C'est la revanche de l'Allemagne, Napoléon. Les vaincus d'Iéna, un des fils de la reine Louise à leur tête, ont envahi, seuls cette fois, le territoire français. Ils ont battu dans toutes les rencontres les anciens oppresseurs de l'Allemagne, et ton neveu, l'Empereur des Français, vient de me remettre son épée.

NAPOLÉON. — J'espérais que mon histoire avait désabusé les Français, les Allemands et le monde entier des fumées d'une fausse gloire. Si je ne portais, dans les événements que tu m'annonces, une si lourde responsabilité, je vous maudirais tous les deux, toi et mon neveu, pour les flots de sang humain que vous faites répandre. Quand tu me rejoindras dans la tombe, vieillard aveugle et rancunier, tu reconnaîtras combien sont misérables et déshonorants ces lauriers dont tu te pares et que tu porteras alors, ainsi que moi, comme une couronne d'épines.

(Guillaume reste interdit. Après un moment de silence, Napoléon reprend :)

N'as-tu donc pas lu ce mot de mes Mémoires de Sainte-Hélène : *Dans cinquante ans, l'Europe sera Cosaque ou républicaine ?* As-tu songé à ce que peut faire la Russie le jour où ses souverains auront pris la peine d'ameuter contre l'Allemagne le monde slave, comme tu as ameuté contre la

France la race germanique? Que deviendra l'Allemagne si le Slave apporte dans cette lutte les rancunes acharnées que tu déploies aujourd'hui contre la France? Ce ne serait pas trop des efforts de toute l'Europe civilisée pour résister à l'océan slave, et, au lieu de t'assurer le concours de la France, tu en fais l'alliée naturelle de la Russie! Ton premier ministre s'est moqué avec raison de mon neveu qui, par haine de l'Autriche, s'est jeté dans la gueule de l'Allemagne. Penses-tu que l'avenir ne jugera pas plus sévèrement encore ceux qui, par haine de la France, ont placé l'Allemagne dans l'étau redoutable de la France et de la Russie?

(Napoléon Ier se recouche dans sa tombe. Le décor s'efface dans un nuage. Il est remplacé par un nouveau où l'on aperçoit la cathédrale d'Aix-la-Chapelle avec le tombeau de Charlemagne. Le vieil empereur porte la boule du monde dans sa main. Guillaume veut la prendre. Mais la statue s'anime. Charlemagne retire la main et parle.)

CHARLEMAGNE. — Tu veux cette boule, pauvre orgueilleux? Mais cette puissance qui te grise y représente un point presque imperceptible. Vois ces grands espaces : c'est le domaine de la sauvagerie que tu étends, au lieu de travailler à le restreindre. Frédéric-Guillaume, tu es plus coupable que Napoléon Ier, car tu aurais dû profiter de ses fautes. J'ai été l'empereur des Francs, c'est-à-dire des Allemands et des Français. J'ai gouverné le grand amalgame de peuples formé par les Gaulois, les Romains et les innombrables tribus germaines qui, parties d'outre-Rhin, venaient chaque siècle se fondre dans le corps gallo-romain. Le saint empire romain comprenait tous les éléments civilisés de mon temps et s'étendait vers le nord et vers le sud, vers l'est et vers l'ouest, refoulant ou soumettant les païens et les sauvages. C'était l'empire du Christ. Toutes ses guerres étaient saintes et civilisatrices, tandis que les vôtres d'aujourd'hui, Français et Germains, sont sacriléges, impies, fratricides. Honte et malédiction à ceux qui font combattre les deux moitiés de mon empire! Honte et malédiction à tous ceux qui ont soufflé la haine entre des cœurs généreux!

(Charlemagne disparaît. Trois fantômes blancs se détachent des ténèbres qui couvrent l'horizon.)

DURAND. — Quels sont ces nouveaux personnages?

JOHNSON. — Ces fantômes, ami Jean Durand, deviendront, à un moment donné, de terribles réalités. Ce sont eux qui apprirent à Georges III la capitulation de lord Cornwallis. Napoléon les vit après Waterloo. Actuellement, il est inutile de les nommer, d'autant plus que, s'ils sont perceptibles à l'œil du philosophe et du poëte, ils sont complétement invisibles pour les conquérants. Crions-leur seulement : Au revoir! comme à une vision consolante au milieu des tristesses actuelles.

DURAND. — Que dit le vieux Roi?

Johnson. — Il paraît très-ému, mais demain les fumées de gloire terrestre viendront l'enivrer de nouveau, et il aura tout oublié. Ainsi va le monde. Les grandes pensées, les nobles sentiments, passent comme des rêves. Mais le mal se pose lourdement sur le cœur de l'homme et s'y incruste pour peu qu'on y tolère son contact.

TROISIÈME TABLEAU

—

—

Le théâtre représente le cabinet de travail de M. de Bismarck, au
palais de Versailles.

———

SCÈNE VII.

BISMARCK, TRUBE. BUSCH, puis LOREMBERG.

BISMARCK. — Le ministre du roi de Prusse dictant
ses ordres dans le palais du grand Roi !..... Il est
fâcheux que Louis XIV et Louvois soient morts : je
les aurais invités à dîner ! (A son secrétaire.) Petit Bush,
vous écrirez ce soir pour les journaux allemands
un article sur le traité de l'an 870 entre Charles le
Chauve et Louis le Germanique, traité qui fixait la
première frontière allemande en partageant la
Lorraine en deux. Il faudra augmenter le fonds des
reptiles. Je n'aime pas les bêtes d'encre. Mais si
l'on peut, si l'on doit les mépriser, il est juste de
les payer. (Trube arrive. Il tire des papiers de sa poche.)
Qu'est-ce ?

TRUBE. — C'est un article de Feuerbach.

BISMARCK. — Ah! Que dit le vieux professeur de l'université de Halle?

TRUBE. — Il flétrit les victoires allemandes, crie : *Væ victoribus!* et prétend que l'avenir est aux vaincus.

BISMARCK. — C'est tout?

TRUBE. — Il dit que, la fumée de la gloire évanouie, l'Allemagne se réveillera dans les chaines prussiennes; que l'empire perdra l'Allemagne comme il a perdu la France; que l'Alsace et la Lorraine sont pour nous une Pologne et une Vénétie; que l'indemnité de guerre ne servira qu'à fabriquer des canons, et que nous serons condamnés à la guerre à perpétuité.

BISMARCK. — Qu'on saisisse les journaux qui oseront reproduire ces déclamations, mais qu'on laisse leur auteur en paix. Il faut pardonner aux vieux professeurs comme aux vieilles femmes quelques libertés de langage. Que fait Jacoby?

TRUBE. — Il a encore présidé, cette semaine, une réunion démocratique où l'on a péroré contre la continuation de la guerre et contre l'idée de reprendre à la France l'Alsace et la Lorraine.

BISMARCK. — Faites-le arrêter et conduire à la forteresse de Kœnigsberg, afin qu'il n'en préside pas d'autres. Nous le relâcherons après la guerre.

TRUBE. — On vient d'arrêter à Versailles un individu porteur de la lettre suivante adressée à Sa Majesté.

BISMARCK. — Voyons ! (Il lit.) « A Guillaume Ier, roi de Prusse. Vieillard, près de paraître devant Dieu, à quoi peut vous servir un agrandissement de territoire couvert de sang, de cadavres et de ruines, lorsque bientôt quelques pieds de terre vous suffiront pour dormir dans votre sépulcre? — Signé : Delmas, pasteur protestant à la Rochelle. » Voilà bien les Français! Avec de grandes phrases, ils croient guérir l'effet de leurs sottises. Relâchez ce pauvre homme, mais qu'il soit expulsé de Versailles.

TRUBE. — Excellence, un journal de Nancy a publié en gros caractères un article ainsi conçu : « Je crois en Dieu, je ne crois pas à la force. La justice seule est stable. Tous ces événements ne sont pas des résultats à accepter, mais de mauvais pas à franchir, à condition que chaque événement nous trouve chaque jour meilleurs et plus préparés. Voilà ma confession politique. »

BISMARCK. — Je pense qu'on a jeté l'auteur en prison.

TRUBE. — C'est ce qu'avait fait d'abord le préfet; mais l'auteur ayant prouvé qu'il n'avait fait que reproduire une lettre de la reine Louise après Iéna, on demande vos instructions.

BISMARCK. — Que l'auteur soit doublement puni

pour avoir manqué de respect à une reine de Prusse, en mettant ses paroles dans la bouche d'un Français !

BUSCH. — Voici, monsieur le comte, une dépêche de l'ambassadeur de Sa Majesté à Pétersbourg que je viens de déchiffrer.

BISMARCK, lisant. — « J'apprends, de source certaine, que, dans un banquet donné hier au palais, le tzar ayant porté un toast à la santé du vainqueur de Sedan, le tzarewitch a refusé de boire et a brisé son verre. » Le tzarewitch est un jeune imprudent. Il peut briser tant de verres qu'il lui plaira. Maintenant que la France est vaincue, nous n'avons plus besoin qu'à moitié de l'alliance russe.

TRUBE. — Le juif Loremberg demande une audience à Votre Excellence.

BISMARCK.— Faites-le entrer. (Loremberg est introduit.)

LOREMBERG. — Je viens solliciter, monsieur le comte, votre toute-puissante intervention auprès... des municipalités françaises que vous frappez de fortes contributions et qui se déclarent impuissantes à payer. Je suis prêt à leur verser, moyennant garanties bien entendu, tous les fonds nécessaires.

BISMARCK. — Je comprends. C'est une excellente idée que vous avez là, Loremberg. Tenez, voici un mot pour le feld-maréchal de Moltke qui vous patronnera lui-même auprès des maires français. Vous pouvez commencer par le maire de Saint-Germain en Laye dont je viens de recevoir encore ce matin les doléances. Prêtez-lui, Loremberg, mais faites ajouter 10,000 francs d'épingles pour la baronne de Vinzenau. Trübe se chargera de les lui remettre. A propos, Loremberg, si vous revoyez votre coreligionnaire Rothschild, dites-lui que nous avons été fort mécontents de l'accueil de son intendant à Ferrières. Il aurait mérité que son château fût brûlé. Allez !

(Un domestique apporte un plateau avec une bouteille de vin et remplit les verres. Bismarck et les autres boivent.)

BISMARCK. — Ah ! les bons vins qu'ont les Français ! (Il boit encore un verre. S'adressant à Trübe.) **Eh bien, Paris n'a donc pas encore offert de se rendre ?**

TRUBE. — Cela ne peut pas beaucoup tarder, monsieur le comte. Le feld-maréchal croit toujours que ce sera vers Noël. Peut-être en saurons-nous davantage là-dessus par un personnage qui vient de se présenter aux avant-postes en se disant diplomate espagnol et qui prétend avoir l'honneur d'être connu de vous

BISMARCK. — Qu'il entre.

SCÈNE VIII.

LES MÊMES, HIDALGO.

BISMARCK.— Ah ! c'est vous, monsieur Hidalgo. Je n'avais pas eu l'honneur de vous voir depuis que vous représentiez l'Espagne en Allemagne. Il y a donc encore des diplomates dans Paris?

HIDALGO. — Probablement, monsieur le comte, puisqu'ils vous ont écrit dernièrement pour vous demander le libre passage de leurs dépêches cachetées et que vous l'avez refusé.

BISMARCK. — C'est vrai; pouvais-je faire autrement?

HIDALGO. — Personne n'a protesté. Donc, vous avez raison. Permettez-moi de vous demander des nouvelles de madame la comtesse de Bismarck.

BISMARCK. — Oh! elle va beaucoup mieux depuis que son fils va mieux. Elle ne souffre plus que de sa haine contre les Gaulois, qu'elle voudrait voir tous brûlés ou passés par les armes, tous, même les petits enfants, qui ne sont pourtant pas la cause s'ils ont de si abominables parents [1].

HIDALGO. — Oh! monsieur le comte, je proteste, pour madame la comtesse, au moins en ce qui concerne les petits enfants.

(Bismarck offre un verre à Hidalgo.)

BISMARCK. — A votre santé, monsieur Hidalgo.

HIDALGO. — A votre santé, monsieur le comte.

BISMARCK, à califourchon sur sa chaise, la figure enluminée. — Est-ce que vous n'êtes pas chargé d'une mission pour nous, monsieur Hidalgo?

[1] Ces paroles sont textuellement extraites du livre de Moritz Busch, secrétaire de M. de Bismarck pendant la guerre.

HIDALGO. — En aucune façon.

BISMARCK. — J'avais cru… Nous savons très-bien que les Parisiens ne demandent qu'à capituler, et qu'ils en sont empêchés seulement par les usurpateurs de l'Hôtel de ville.

HILDALGO. — Si vous disiez précisément le contraire, monsieur le comte, vous vous rapprocheriez davantage de la vérité, et encore craindrais-je d'être injuste envers le gouvernement de la Défense nationale en lui supposant l'intention de capituler, bien qu'il aperçoive mieux que la population les inconvénients d'une résistance trop prolongée.

BISMARCK. — Nous savons, dans tous les cas, que, s'ils ne se rendent pas, ils vont mourir de faim par milliers.

HIDALGO. — Je croyais, monsieur le comte, qu'il n'était pas permis d'envisager froidement une pareille éventualité.

BISMARCK. — Que voulez-vous que nous fassions ? Vous connaissez le proverbe : Mieux vaut tuer le diable que d'être tué par lui. Nous ne pouvons pas cependant laisser Paris de côté. Les Parisiens sont si fous qu'ils se croiraient vainqueurs si nous ne pénétrions pas dans leur ville. D'ailleurs, le Roi et l'armée veulent entrer dans Babylone, et ils y entreront. Aussi ne puis-je concevoir l'entêtement absurde des Parisiens à prolonger une résistance inutile.

HIDALGO. — Peut-être veulent-ils vous obliger à avoir d'eux une meilleure opinion.

BISMARCK. — La populace inspire toujours de sérieuses craintes au gouvernement de l'Hôtel de ville.

HIDALGO. — La populace elle-même semble avoir juré de vous faire changer d'opinion sur son compte. Elle s'est permis une épigramme à votre adresse.

BISMARCK. — Ah! Et laquelle?

HIDALGO. — Elle a réuni, au moyen d'une souscription à cinq centimes, de l'argent pour acheter un canon qui s'appellera la *Populace*.

BISMARCK. — Voilà l'esprit français! Mais vous conviendrez que l'esprit allemand le vaut bien, si, comme j'en suis sûr, nous emportons ce canon avec les autres à Berlin, avant qu'il leur ait servi. (Hidalgo ne répond rien.) Voyez-vous, monsieur l'Espagnol, vous avez eu grand tort de ne pas prendre notre Hohenzollern. La race latine est usée. Elle a accompli de grandes choses, mais ses destinées sont finies, et elle est appelée à s'amoindrir peu à peu jusqu'à sa disparition complète. La race germanique est le principe mâle qui traverse l'Europe en la fécondant. Les peuples slave et celtique sont le sexe féminin. Le premier principe s'avance au nord jusqu'à la la mer du Nord, à l'ouest jusqu'à l'Angleterre.

BUSCH, interrompant. — Jusqu'en Amérique.

BISMARCK. — Oui, ce sont là les enfants, les fruits

de notre race. Les Français n'ont eu quelque importance que tant que l'élément germain, le Franc, a tenu la tête de la nation. La révolution de 1789 a été le renversement de l'élément germanique par le celtique, et que voyons-nous depuis? De même, l'Italie, où les Germains jouaient autrefois le rôle principal, est en décadence depuis qu'ils ont disparu. Il en est de même en Russie. Si, dans ce pays, les nationaux l'emportent sur l'élément allemand, il leur sera impossible de se maintenir en un état convenable. Enfin votre pays à vous-même, monsieur l'Espagnol, n'a eu quelque grandeur que grâce au sang goth. Votre Hohenzollern vous eût infusé un peu de séve allemande. C'est aux peuples du Nord qu'appartient l'avenir, et ils ne font que débuter dans le rôle glorieux qu'ils sont appelés à remplir pour le bien de l'humanité [1].

HIDALGO. — Avouez, monsieur le comte, que cela n'est pas très-rassurant pour les pauvres peuples de race latine.

BISMARCK. — Que pense-t-on de nous dans le monde diplomatique, monsieur Hidalgo?

HIDALGO. — On pense et on dit tout haut, comme j'ai l'honneur de le faire ici... que vous auriez dû vous arrêter après Sedan.

---

[1] Cette petite dissertation de M. de Bismarck a été empruntée par l'auteur au livre de Moritz Busch.

BISMARCK, l'interrompant et levant son verre. — Vous avez le vin franc. A votre santé, monsieur Hidalgo !

HIDALGO. — A la vôtre, monsieur le comte ! Et, permettez moi d'ajouter... à l'accord de toutes les races européennes !

UN OFFICIER, à Bismarck. — Monsieur le comte, le Roi, revenant de sa promenade quotidienne aux avant-postes, vient de s'arrêter en bas et se dirige vers votre cabinet. Le feld-maréchal de Moltke accompagne Sa Majesté.

BISMARCK, se levant. — Je vous prie de m'excuser, monsieur Hidalgo ! (Hidalgo et les secrétaires sortent.)

SCÈNE IX.

LE ROI, BISMARCK, MOLTKE.

LE ROI, à Bismarck. — Monsieur le comte, vous apprendrez avec plaisir l'heureuse nouvelle que vient de me télégraphier S A. le grand-duc de Bade. Strasbourg a capitulé. La veille encore, on avait organisé un train de plaisir à Bade pour aller assister au bombardement. Son Altesse m'envoie des vers qu'elle a composés devant ce magnifique spectacle. (A Moltke.) Monsieur le feld-maréchal, vous ferez écrire à Krupp de ne plus désormais fabriquer d'obus qu'avec l'inscription : *Gott mit uns* [1] *!*

[1] Dieu est avec nous.

MOLTKE. — Ce sera fait, Sire ; mais si vous voulez que cette formule produise tout son effet, il ne faut pas nous empêcher plus longtemps d'envoyer ces obus aux Parisiens. Jamais peuple présomptueux ne fut aussi solidement serré dans un cercle de fer et de feu ; mais il est en droit de se moquer de nous tant que nos canons resteront muets.

BISMARCK. — Je crois, en effet, Sire, que le moment psychologique est venu. L'effet des obus, joint à celui de la faim, doit être une révolution ou une panique épouvantable et, de toutes manières, doit amener la fin d'une résistance qui nous a coûté si cher.

MOLTKE. — Nous avons eu, la nuit dernière seulement, deux mille hommes gelés dans les tranchées !

LE ROI. — Tirez, messieurs, sur les forts et sur toutes les foules armées, je le veux bien. Mais bombarder Paris, détruire ce grand foyer de la science et des arts, semer la mort et l'incendie au milieu d'une population qui comprend tant de personnes inoffensives, je vous avoue que cela me fait hésiter. Je crains aussi l'effet moral qu'une tentative pareille peut produire en Europe.

BISMARCK. — Mais, Sire, si on s'arrêtait devant de pareilles considérations, il n'y aurait plus de guerre possible.

MOLTKE. — Permettez-moi de rappeler à Votre

Majesté que ce n'est pas avec des arguments humanitaires que le général Werder a obligé Strasbourg à se rendre.

LE ROI. — J'ai reçu ce matin même de la reine Augusta et de la Princesse royale des lettres qui me font réfléchir. La Reine et la Princesse se montrent très-émues et même effrayées de l'impression que le bombardement de Paris produirait en Angleterre.

BISMARCK. — S'il en est ainsi, j'engage instamment Votre Majesté à ordonner le bombardement sans délai. Il faut que les Anglais sachent dès aujourd'hui le peu de cas que nous faisons de leur opinion, et le leur prouver sur le dos des Français me paraît une occasion unique. D'ailleurs, Votre Majesté ne peut pas ignorer que ce sont leurs manufactures qui ont armé les troupes de Gambetta.

LE ROI. — Ils verront plus tard si nous l'avons oublié.

BISMARCK. — Vous craignez d'être accusé de barbarie? Laissez donc dire les idéologues et autres imbéciles. Il n'y a de puissance réelle que celle qui est basée sur la force et sur des craintes justifiées. Bombardez Paris sans hésitation, et les autres places qui seraient encore tentées de nous fermer leurs portes y regarderont à deux fois en sachant que vous n'avez pas hésité à lancer vos obus sur la moderne Babylone.

Le Roi. — Êtes-vous bien sûrs, messieurs, de l'efficacité du bombardement sur une population fanatisée? Nos obus, vous le savez, atteindront à peine un quart de l'immense étendue de Paris. Je crains qu'ils ne produisent chez les assiégés plus d'exaspération que de découragement. Au fond, je m'inquiète assez peu de l'opinion de l'Europe. Aujourd'hui que la puissance militaire de la France est brisée et que la Russie s'est compromise avec nous, l'Allemagne peut braver le reste du monde. Mais pourquoi assumer gratuitement la responsabilité de rigueurs inutiles? Attendons encore quelques jours. D'ici là, peut-être, les Parisiens, mieux inspirés et éclairés par la défaite de leurs armées de province, auront capitulé. (Le Roi sort avec Moltke.)

SCÈNE X.

BISMARCK et BUSCH (son secrétaire).

Bismarck, à un domestique. — Appelez Busch. (Busch arrive.) Asseyez-vous et écrivez. (Il dicte.) Développez cette idée que le bombardement de Paris a été empêché jusqu'ici par l'influence de cotillons haut placés, mais que de pareilles considérations ne doivent pas prévaloir sur les intérêts de l'Allemagne. Faites ressortir que l'opinion publique en Allemagne s'émeut des velléités d'intervention de certains États, et qu'elle ne peut y voir qu'un encouragement indirect donné à Gambetta. Répétez à satiété, comme un fait notoire, que l'opinion publique en France veut la paix, la paix à tout prix, et que la tyrannie des dictateurs de Tours et de Paris empêche seule ce sentiment de se manifester. Voilà pour les journaux allemands. — Pour le public anglais, ce qu'il faut surtout s'attacher à lui faire comprendre, par l'intermédiaire du *Times,* c'est que l'Allemagne ne désire que la paix, et que c'est uniquement dans l'intérêt d'une paix durable, d'une paix éternelle, qu'elle se croit obligée de prendre à sa frontière des garanties contre la France, dont l'humeur turbulente a été la source de presque tous les conflits européens.

BUSCH. — Vos ordres seront exécutés, monsieur le comte.

BISMARCK, l'accompagnant à la porte. — Que ceux qui touchent à la liberté de la presse sont maladroits! Il est si facile, avec un bon fonds de reptiles, de lui faire dire tout ce qu'on veut!

QUATRIÈME TABLEAU

—

UNE BATTERIE ALLEMANDE

———

SCÈNE XI.

SCHWARTZ, autres Officiers, Artilleurs, ensuite Richard WAGNER.

Un Maître Canonnier. — Lieutenant, nous avons
envoyé, à nous seuls, depuis ce matin, trois cents
obus à ces damnés Parisiens. Nos pièces sont brû-
lantes.

Le Lieutenant. — Eh bien, arrêtez le tir pendant
une heure.

Un Officier, après avoir regardé longuement vers Paris avec sa
lunette. — C'est singulier ! Notre tir ne paraît produire que peu d'effet. Nous allumons quelques rares
incendies aussitôt éteints. La plupart de nos obus
tombent dans les champs ou jardins des faubourgs.
Notre ennemi se dérobe par l'énormité même de ses
proportions.

Schwartz. — Voilà le mont Valérien qui nous
envoie un bonjour. Pif! paf! deux, quatre, six
obus! Ne vous gênez pas, on s'atteint si rarement à

de pareilles distances. Il faut avouer que si nous usons beaucoup de poudre inutilement, nos ennemis n'en sont pas moins prodigues. La pièce pourrait s'appeler : *Beaucoup de bruit pour rien,* et elle pourrait durer longtemps s'il n'y avait pas la famine qui travaille sans bruit et sans relâche pendant que nous amusons le tapis avec les bruyantes pétarades de notre artillerie.

LE LIEUTENANT. — Nous avons ici la partie facile, car une armée ne s'improvise pas comme un discours d'avocat. Depuis que l'héroïsme allemand a triomphé de l'armée de Metz, la seule armée qu'eût la France, le reste n'est plus qu'une question de temps.

UN AUTRE OFFICIER. — Ce qui s'improvise, ce sont les francs-tireurs. Le comte a ordonné qu'on fusillât tous ces coquins.

SCHWARTZ. — Qu'on les fusille, c'est le droit de la guerre ; mais je ne vois pas pourquoi nous les traiterions de coquins, tandis que nous considérons comme des héros nos francs-tireurs de 1813.

LE LIEUTENANT. — Lieutenant Schwartz, vous parlez comme un démocrate socialiste !

SCHWARTZ. — Ah ! lieutenant, la guerre est un champ où la démocratie socialiste pousse plus vite que dans les brasseries.

(Un grand diable, habillé de jaune et de rouge, apparaît à l'entrée de la batterie.)

Un Officier. — Quel est ce polichinelle habillé de jaune et de rouge ?

Un autre. — C'est une sauterelle des tropiques !

Schwartz. — Un perroquet changé en homme !

Le Lieutenant. — Silence, messieurs, c'est une gloire de l'Allemagne !

Un Officier. — Il a une drôle de forme.

Schwartz. — Et un singulier costume.

Le Lieutenant. — C'est le divin maestro Richard Wagner.

Les Officiers. — Ah ! hourrah pour l'ami du roi de Bavière ! Hourrah pour l'auteur du *Tanhauser !*

Richard Wagner. — Hourrah pour les nobles et vaillants artilleurs que Dieu a chargés de purifier Babylone par le feu et le sang ! L'histoire, messieurs, racontera en traits grandioses ce siége célèbre auquel nous avons l'honneur de participer. Quel magnifique spectacle ! Quel théâtre immense ! C'est la lutte du bien et du mal qui se poursuit sous nos yeux et dans nos personnes. L'honnête Allemagne, trop longtemps pillée, dévastée, opprimée par la France corrompue, s'est enfin levée dans son droit et dans sa colère, et c'est elle aujourd'hui qui, de la vaste enceinte fortifiée qu'a improvisée le génie de l'illustre Moltke, inflige, à coups de canon, à l'ennemi héréditaire la correction méritée. L'humanité entière, assise sur les millions de gradins du grand amphithéâtre du monde, contemple avec admiration cette lutte mémorable. Les mauvais génies sont là-bas! (S'exaltant.) Tirez sans trêve! Tirez sans pitié! Il faut que saint Michel terrasse le démon! Il faut que celui-ci tire la langue et se torde sous son pied puissant jusqu'à ce qu'il ait rendu l'âme! Visez juste... tenez, dans cette direction. C'est là qu'est le cœur du mauvais génie.

SCHWARTZ, bas à un autre officier. — Oh! le farceur! Il nous fait viser l'Opéra, où l'on a sifflé son *Tanhauser!*

LE LIEUTENANT. — Impossible, maestro, d'atteindre avec nos obus le point que vous désignez.

WAGNER. — Comment! vos obus ne peuvent pas atteindre l'édifice impie où a été bafoué l'art allemand?

SCHWARTZ. — Hélas! non, maestro, à moins que vous ne vouliez commander d'autres canons à Krupp.

WAGNER. — Eh bien, les obus du génie suppléeront à ceux de Krupp. Je mettrai tout ceci en opéra, et l'Allemagne entière viendra, après la victoire, entendre, à notre théâtre de Bayreuth, le dernier mot de la musique de l'avenir.

CINQUIÈME TABLEAU

—

LES DEUX BLESSÉS

—

L'action se passe à Chelles, après la bataille du 2 décembre.

SCÈNE XII.

LE ROI, BISMARCK, Officiers, Infirmiers et Blessés.

BISMARCK. — Les deux batailles ont été rudes, Sire, mais, grâce à la bravoure et à la discipline de l'armée allemande, elles nous ont valu deux victoires nouvelles.

LE ROI. — Deux victoires chèrement achetées, monsieur le comte! Ah! si ces gens-là étaient aussi disciplinés qu'ils sont braves, s'ils étaient moins divisés et mieux commandés, notre besogne serait singulièrement difficile.

BISMARCK. — Cela est incontestable, Sire.

LE ROI, à un officier. — Pourquoi ces toiles tendues de ce côté?

L'OFFICIER. — C'était pour dérober Votre Majesté aux yeux de l'ennemi.

Le Roi. — Enlevez-les.

L'Officier. — C'était aussi pour lui cacher un funèbre spectacle. On procède à l'inhumation des morts.

Le Roi. — Enlevez ces toiles. Les princes ne doivent pas craindre de voir l'effet des guerres dont ils ont pris la responsabilité.

(Les toiles sont retirées. On aperçoit les Frères de la Doctrine chrétienne relevant les blessés français et inhumant les morts tandis que des infirmiers allemands en font autant pour leurs blessés et leurs morts. Le Roi se découvre, et, après avoir contemplé un moment ce spectacle, s'en va sans avoir prononcé une parole. — Les infirmiers allemands et français s'éloignent les uns après les autres. La nuit vient. La lune éclaire d'une clarté glaciale le champ de bataille. On aperçoit sur un côté du théâtre deux blessés, un Français et un Saxon, qui se réveillent d'un long engourdissement.)

Le Saxon. — Sont-ils partis?

Le Français. — Je ne vois plus personne.

Le Saxon. — Pourquoi n'as-tu pas appelé?

Le Français. — La force me manquait. Je vois encore tout comme dans un rêve.

Le Saxon. — Et moi aussi. Allons! Dieu l'a voulu ainsi. Ma blessure s'aggrave. Le froid augmente. L'engourdissement aura le double avantage d'avancer ma mort et de diminuer ma souffrance. Je ne sens déjà plus la moitié de mon corps qui est gelée. L'autre moitié est brûlée par la fièvre. Mon Dieu, que j'ai soif!

Le Français. — Tiens, bois ! (Il lui passe sa gourde.)

Le Saxon. — Merci, camarade. Voilà cependant

comment les choses vont en ce monde. Vivant, on s'entre-tue; mourant, on se donne la main, on devient ami.

Le Français. — Ami ! n'emploie pas ce mot. Tu ne l'accepterais pas, si je mourais vainqueur en Allemagne, comme tu meurs vainqueur en France. Nous sommes camarades de tombe, nous allons fraterniser dans la vermine : voilà tout. C'est ce qui m'empêche de te reprocher la part de responsabilité qui t'incombe dans le crime de tes souverains qui sont venus semer ici la ruine et la mort.

Le Saxon. — Conviens que si Napoléon eût triomphé, vous auriez fait en Allemagne autant de mal que nous pouvons en faire en France.

Le Français. — Cela prouve au moins que nous sommes tous de grands imbéciles, et que notre imbécillité seule égale la perversité de ceux qui nous font battre entre nous comme des bêtes féroces.

Le Saxon. — Tu dis vrai, brave Français. J'ai pensé plus d'une fois que, depuis Sedan, notre cause, n'ayant plus l'excuse de la défense, était devenue injuste. Mais ce que nous appelons le patriotisme national me soutenait et m'illusionnait. Il n'a fallu rien moins que la présence de la mort pour me rappeler au sentiment de la vérité, pour dissiper les enivrements funestes de la victoire, pour me faire comprendre que, victorieuse ou vaincue, l'Allemagne perdra plus qu'elle ne gagnera à cette guerre. De toutes façons, en effet, c'est une haine implacable entre les deux pays, c'est un nouveau conflit avec de nouvelles horreurs et de nouveaux crimes dans l'avenir.

LE FRANÇAIS. — Je comprends d'autant mieux les nécessités fatales qui ont égaré ton esprit et ton bras, que nous sommes loin d'être, de notre côté, exempts de blâme. Et c'est ce qui me décide à te pardonner, à te tendre la main, quoique tu sois Prussien.

LE SAXON. — Merci, camarade. Écoute ! J'étais professeur dans une université. Il y a cinq mois à peine, j'enseignais encore aux jeunes gens l'humanité, la fraternité universelle, quand on est subitement venu m'obliger à partir pour pratiquer exactement le contraire de mes leçons. Avant cette époque, j'allais, chaque soir, me promener sur le coteau ou le long de la rivière avec ma petite fille, dont les propos naïfs m'épanouissaient le cœur. Je ne pensais pas plus aux Français que s'ils n'existaient pas, et je crois bien qu'au fond les Français ne pensaient guère plus aux Allemands. Ce qui n'empêche pas que, sur un mot de leurs souverains, Français et Allemands se sont rués les uns sur les autres comme des bêtes sauvages. Que deviendra Anna, la pauvre orpheline ?

LE FRANÇAIS. — Que deviendra ma pauvre mère ? Qui la protégera dans sa vieillesse ?

10.

LE SAXON. — Vois-tu, brave Français, les peuples sont aussi sots et, à l'occasion, aussi féroces qu'il y a trois mille ans. Et les professeurs de philosophie, j'en suis la preuve, ne valent pas mieux que les plus simples travailleurs. Il est clair pour moi maintenant que, quand Napoléon et Guillaume, mus par une ambition ou des rivalités qui nous étaient indifférentes, sont venus nous ameuter les uns contre les autres, nous aurions dû les prendre au collet, eux, leurs ministres et leurs généraux, et dire : Eh bien, vous allez vous battre, mais sans nous ! J'espère que les générations futures mieux avisées donneront un jour ce grand exemple de justice et de moralité. (Il regarde son compagnon et voit qu'il est mort.) Il est mort ! Il ne m'a pas entendu. Mais ce que je dis est si juste, et tant d'autres victimes doivent le dire à cette heure, qu'il faudra bien qu'à la fin l'humanité, quelque sourde qu'elle soit, finisse par l'entendre ! Mon Dieu, que je me sens faible ! Protégez Anna !

(Il meurt.)

SIXIÈME TABLEAU

—

—

Le théâtre représente le salon de M. de Montalban.

SCÈNE XIII.

M. DE MONTALBAN et LOUISE.

MONTALBAN, rentrant chez lui. — Oh ! les infâmes brigands ! Croirais-tu, ma fille, qu'ils continuent de bombarder les faubourgs, tout en sachant fort bien qu'ils commettent ainsi d'inutiles cruautés et que cela n'avancera pas d'une minute la capitulation ? Je viens de voir expirer une femme et un enfant atteints sous mes yeux par leurs projectiles. Ah ! tu ne veux pas te rendre, odieuse capitale ; eh bien, nous allons tirer, non sur tes défenseurs, mais sur tes femmes, tes enfants, tes vieillards ! Nous viserons surtout les asiles, les écoles et les établissements hospitaliers. Nous réduirons tes musées en cendres. Et dire que l'auteur responsable de ces atrocités froidement commises a sans cesse le nom de Dieu à la bouche et, dans son idiotisme mystique, croit être l'instrument de la Providence! Et l'Europe reste impassible devant ce retour à la barbarie antique !

LOUISE. — Ne m'avez-vous pas dit, mon père, qu'elle était encore plus impuissante qu'impassible ?

MONTALBAN. — En effet ; mais que ce soit impuissance ou émoussement du sens moral, elle payera cher un jour son inertie d'aujourd'hui. Je m'en rapporte pour cela à l'ambition et à la sauvagerie de nos vainqueurs.

LOUISE. — De quel côté se trouve mon frère en ce moment ?

MONTALBAN. — Il est parti ce matin avec son bataillon pour détruire une batterie ennemie à Châtillon ; il me tarde d'apprendre de ses nouvelles.

LOUISE. — Que Dieu le protége ! A-t-on des nouvelles de province, mon père ?

MONTALBAN. — Le dernier pigeon n'en a apporté que de mauvaises. La défaite de l'armée de la Loire est malheureusement confirmée, et il est bien certain aujourd'hui que l'armée du Nord est hors d'état de reprendre les opérations.

LOUISE. — Il n'y a donc plus d'espoir ?

MONTALBAN. — Il reste encore l'armée de l'Est

sous les ordres de Bourbaki ; mais, je l'avoue, je ne compte plus sur un triomphe que le nombre, la discipline et la puissante artillerie de notre ennemi rendent invraisemblable.

LOUISE. — Mais ici, à Paris, nous avons le nombre. Comment n'a-t-on pas su en profiter pour percer le blocus ?

MONTALBAN. — Nous avons le nombre, c'est vrai, mais nous sommes désunis, indisciplinés, mal armés et peut-être mal commandés. Le général Trochu se trouve avoir à protéger à la fois Paris contre les Prussiens et le gouvernement contre les Parisiens. Il a arrêté l'ennemi devant nos forts. Je ne sais pas si, avec les éléments dont il dispose, il était possible de faire davantage. Mon patriotisme l'accuse, mais ma raison n'ose le condamner.

LOUISE. — O mon père, je me sens froid au cœur à la pensée de cette capitulation désormais inévitable. Heureux ceux qui sont morts sans avoir pu croire à la possibilité d'une pareille catastrophe !

UN DOMESTIQUE. — M. le capitaine Rollin !

LOUISE. — Je tremble pour mon frère

SCÈNE XIV.

MONTALBAN, LOUISE, LE CAPITAINE ROLLIN.

MONTALBAN. — Capitaine, vous m'apportez des nouvelles de mon fils ?

LOUISE. — Où est mon frère ?

LE CAPITAINE. — Monsieur le baron, mademoiselle, calmez-vous! Il n'est que blessé.

TOUS DEUX. — Blessé! Où? Partons.

LE CAPITAINE, ému. — Je ne voulais pas vous dire tout votre malheur à la fois. Le capitaine de Montalban n'est plus. (Louise éclate en sanglots. Le père, accablé, baisse la tête.) Que votre douleur, monsieur le baron, soit tempérée par la pensée que sa mort a été celle d'un brave.

LOUISE. — Mon pauvre frère !

MONTALBAN. — Où est le corps de mon fils, capitaine ?

LE CAPITAINE. — A l'église de Montrouge, en attendant vos ordres pour les funérailles.

MONTALBAN. — Merci, capitaine. Je vous suis.

(Il va pour sortir.)

SCÈNE XV.

MONTALBAN et LOUISE.

LOUISE. — Je veux vous accompagner, mon père.

MONTALBAN. — Y songes-tu, mon enfant? Les obus pleuvent de ce côté.

LOUISE. — Vous y allez bien, vous, mon père!

MONTALBAN. — Moi, c'est différent. Les obus me connaissent. Et puis la peur, qui est pire que le mal, ne m'atteint pas. Je suis trop habitué à leurs sifflements sinistres. Reste!

LOUISE. — De grâce, mon père, laissez-moi revoir encore une fois le visage de notre cher mort. Après ce que nous avons souffert des malheurs du pays, est-ce qu'il y a place dans mon cœur pour la crainte? Je me tiendrai si près de vous que, si un obus vient, il nous enverra tous les deux à la fois rejoindre celui que nous pleurons.

MONTALBAN. — Ah! chère fille! Eh bien, attends-moi. (Il sort.)

UN DOMESTIQUE. — Mademoiselle, il y a là un homme qui demande à vous parler.

LOUISE. — A moi?

LE DOMESTIQUE. — Oui, il a dit : A mademoiselle de Montalban.

LOUISE. — Faites entrer.

SCÈNE XVI.

LOUISE, UN PRUSSIEN, puis MONTALBAN.

LE PRUSSIEN. — C'est à mademoiselle Louise de Montalban que j'ai l'honneur de parler?

LOUISE. — Oui.

LE PRUSSIEN, tirant une lettre de sa poche. — Mademoiselle, je suis chargé de vous remettre cette lettre.

LOUISE prend la lettre; elle va pour l'ouvrir, puis elle s'arrête. — De qui vient cette lettre?

LE PRUSSIEN, hésitant. — Elle m'a été remise par le colonel Walter.

LOUISE. — Le colonel Walter! (Elle sonne. Un domestique paraît.) Priez mon père de venir. (Montalban arrive.)

MONTALBAN. — Tu m'as demandé, Louise?

LOUISE. — Oui, mon père. (Montrant la lettre.) Voici une lettre que cet homme m'apporte de la part du colonel Walter.

MONTALBAN. — Cet homme est bien audacieux, et son maître aussi. (Un moment de silence.) C'est à toi de répondre, ma fille.

LOUISE, jetant la lettre au feu sans l'avoir ouverte. — Voilà ma réponse !

MONTALBAN. — Et voici la mienne. (Il sonne.)

LOUISE. — Que voulez-vous faire ?

MONTALBAN. — Cet homme est un espion. Il n'est pas venu seulement pour te remettre cette lettre. Je vais le livrer au conseil de guerre, qui décidera de son sort.

LOUISE. — Attendez ! Ne m'avez-vous pas dit que le colonel Walter commandait les batteries ennemies à Châtillon ?

MONTALBAN. — Oui, je le tiens d'un médecin des ambulances à qui ce malheureux a osé parler de nous. C'est à lui que nous devons la mort de ce frère !

LOUISE. — Eh bien, mon père, nous pouvons nous venger plus noblement. (Au Prussien.) Approche, et ne crains rien. Nous sommes plus généreux, même dans nos malheurs, que les tiens dans leur triomphe. Tu diras à ton chef que le frère de la dame qui a brûlé la lettre sans la lire a été tué ce matin par les obus de Châtillon.

LE PRUSSIEN. — Je répéterai fidèlement ce que vous me dites, mademoiselle.

LOUISE. — Maintenant, pars !

SEPTIÈME TABLEAU

—

LA POLITIQUE VUE DE HAUT

—

La scène est en ballon. L'aéronaute est dans les cordages tenant la corde de la soupape et suivant les mouvements du baromètre. Flitz et le capitaine regardent la terre avec leurs lunettes d'approche.

SCÈNE XVII.

FLITZ, DIDIER, un Capitaine français, un Aéronaute.

Didier. — Où sommes-nous ?

L'Aéronaute. — Je crois que nous sommes revenus au point de départ ou peu s'en faut. Il n'y a pas de vent. Nous montons ou nous descendons suivant que nous jetons du lest ou que j'ouvre la soupape, mais nous n'avançons pas. Le brouillard est éclairé par dessous, — le canon tonne. Serions-nous encore sur Paris? (Il ouvre la soupape. Le ballon descend.)

Didier. — J'aperçois une place publique et j'entends un homme qui chante. Écoutez !

Le Chanteur.

Peuples amis! amis! plus de frontière...

DIDIER. — Un joli motif de duo avec le canon prussien! (Il saisit le porte-voix et crie :) Tais-toi, imbécile! (A ses compagnons.) Et dire qu'il y a six mois j'étais aussi sot que ce chanteur-là!

FLITZ, ironiquement. — Évidemment nous sommes au-dessus de Paris; partout ailleurs on est moins naïf!

L'AÉRONAUTE. — Videz un sac de sable. Bien! Je commence à sentir le vent qui nous pousse vers l'est. Encore un sac! Le courant devient plus fort à mesure que nous montons.

JEAN DURAND, de son avant-scène. — Mes compliments aux machinistes de Denver-City, ami Johnson. Ils font mouvoir avec un art et une prestesse vraiment re-marquables tous les accessoires de la scène dont le mouvement est indispensable pour faire croire à celui du ballon.

JOHNSON. — Silence, Durand. Le ballon a joli-ment marché depuis que vous avez ouvert la bou-che. On a tiré la soupape. Le ballon descend. L'aé-ronaute parle. Écoutez!

L'AÉRONAUTE. — Sommes-nous assez descendus, messieurs? Et reconnaissez-vous le pays où nous sommes?

LE CAPITAINE. — Nous venons de dépasser les plaines de la Bourgogne, et, je le dis avec douleur, j'aperçois encore les casques prussiens. Le corps garibaldien n'a donc pas arrêté la marche de nos ennemis? Je tremble pour l'armée de Bourbaki.

Flitz. — Ignorez-vous donc encore, monsieur, le véritable état des choses?

Le Capitaine. — En savez-vous davantage que nous, monsieur l'Américain? De grâce, parlez.

Flitz. — Je voudrais avoir de moins cruelles vérités à vous apprendre; mais, tandis que vous vous berciez à Paris de vaines espérances en comptant sur les départements, lesquels, de leur côté, comptaient sur Paris, le monde entier savait depuis longtemps que la défaite de votre pauvre pays ne pouvait être conjurée. Toutes les armées françaises, ou plutôt tous les assemblages d'hommes dont on avait cru faire en quelques jours des armées, sont aujourd'hui battues ou réduites à l'impuissance. Vous connaissez la déroute de Chanzy et la retraite de Faidherbe, mais peut-être ignorez-vous encore que l'armée de Bourbaki, cernée dans le Jura, ne peut plus se sauver qu'en se réfugiant en Suisse.

Le Capitaine. — Paris continuera de résister, monsieur. S'il faut un miracle pour sauver la France, eh bien! ce miracle se fera.

Flitz. — Hélas! capitaine, la capitulation de Paris était décidée avant notre départ, et vous portez, sans le savoir, des dépêches qui en informent la Délégation de Bordeaux.

Le Capitaine. — Dites-vous vrai, monsieur?

Flitz. — La légation des États-Unis en a été avisée hier par le gouvernement lui-même, et la résolution est tellement définitive, qu'on ne m'a demandé le secret que jusqu'au départ du ballon.

(Le capitaine et Didier restent anéantis. Des coups de feu les font sortir de leur stupéfaction.)

L'Aéronaute. — On tire sur nous. Attention, messieurs!

Le Capitaine. — Ce sont les casques pointus.
(Il vide un sac de lest. Le ballon remonte vivement.)

L'Aéronaute. — Cela suffit. Nous voilà hors d'atteinte de leurs balles maudites.

Flitz, après un moment. — Je crois que maintenant, messieurs, nous pouvons nous rapprocher de la terre. Il me semble apercevoir des pantalons rouges.

(L'aéronaute tire la soupape. Le ballon descend.)

Didier. — Assez, monsieur l'aéronaute. Le vent nous porte droit vers ce plateau où j'aperçois des groupes en marche.

Le Capitaine. — Je crains, monsieur l'Américain, que vous n'ayez dit trop vrai. Car ce sont évidemment cette fois des troupes françaises, et tout indique ici une retraite précipitée, plutôt qu'une manœuvre stratégique.

Didier. — On nous a aperçus! Entendez-vous ces acclamations? Tirez encore la soupape, monsieur l'aéronaute. Bien! Nous voici à portée. (Il crie avec le porte-voix.) Où sommes-nous? Quel est ce corps?

VOIX D'EN BAS. — Montagnes du Jura. Corps Clinchant. Armée trahie. Bourbaki suicidé. Nous nous réfugions en Suisse. Quelles nouvelles de Paris?

FLITZ. — Pourquoi leur cacher la vérité? (Il prend le porte-voix.) Paris a capitulé hier. Pouvons-nous descendre ici?

VOIX D'EN BAS. — Il est prudent d'aller plus loin. Les Prussiens sont trop près.

(Flitz jette un sac de lest. Le ballon remonte.)

LE CAPITAINE, à Didier.— Vous avez entendu, monsieur Didier?

DIDIER. — Hélas!

LE CAPITAINE. — Désastres sur désastres! Toutes nos armées battues! Paris capitulé! La Prusse acharnée sur le cadavre de la France! Ah! si jamais le désespoir fut permis à un homme de cœur, c'est bien en présence d'une pareille catastrophe. Je ne veux pas survivre à mon pays! (Il tire son pistolet et veut l'armer.)

DIDIER, lui saisissant le bras. — Attendez! La foi aux idées de progrès et d'humanité a été l'objet et la consolation de ma vie. La Prusse vient de la faire évanouir dans mon âme. Je mourrai avec vous, capitaine!

FLITZ. — Vous êtes fous, tous les deux!

DIDIER. — Écoutez-moi, monsieur l'Américain. Avant cette horrible guerre, j'aimais non-seulement la France, mais tous les autres pays du monde. Je désirais le bonheur de la Prusse elle-même. Aujourd'hui, il ne peut plus y avoir en moi vis-à-vis des Prussiens que haine, haine ardente, implacable, comme celle dont ils ont fait preuve vis-à-vis de mes malheureux compatriotes. Or, je comprends fort bien que c'est là une chose impie, barbare, indigne de notre temps, de notre pays, de notre religion. Voilà peut-être la plus atroce des tortures que les nouveaux Vandales infligent à l'élite du peuple français. Et celle-là suffirait pour me rendre la vie odieuse, insupportable.

FLITZ. — Je vous crois, monsieur, malgré vos justes sujets de douleur, trop raisonnable pour ne pas savoir écouter la voix de la vérité. Permettez-moi donc de vous rappeler que cette torture a été infligée aux Allemands par Louis XIV, et surtout par Napoléon Ier.

DIDIER. — Je le reconnais, mais il y a plus d'un demi-siècle de cela, et je pensais que, depuis lors, la civilisation avait fait d'incontestables progrès.

FLITZ. — Hélas! les événements prouvent que ce progrès était plus apparent que réel. Je suis loin de vouloir justifier le roi Guillaume. A cette heure, les Allemands sont aussi aveugles que vous l'avez été à une autre époque. Ils prennent votre place comme dominateurs et conquérants. Prenez la leur comme peuple sage, patient et clairvoyant.

LE CAPITAINE. — Vous avez peut-être raison, monsieur, mais les douleurs comme celles dont nous souffrons ne raisonnent pas. Laissez-nous les guérir d'un coup. (Il veut armer son pistolet. Flitz lui saisit le bras.)

FLITZ. — Écoutez-moi d'abord. Quand vous serez mort, la France s'en portera-t-elle mieux? Allez, Français, vous étiez indignes de la haute opinion que le monde avait de vous! Vous êtes braves, spirituels, généreux, capables de tous les héroïsmes... et de toutes les folies, mais vous n'avez pas cette fermeté de caractère qui fait la grande force des nations. Vous voulez vous tuer : en avez-vous le droit? Savez-vous si, dans vingt ans, dans dix ans peut-être, votre patrie n'aura pas besoin de votre intelligence ou de vos bras? Savez-vous si vous ne serez pas l'appoint décisif qui lui fera défaut? La France subit, en ce moment, de cruels revers, mais c'est le lot successif de chaque nation. Les États-Unis n'ont-ils pas passé par de terribles épreuves pendant la guerre de l'indépendance, et Washington, sans armée, sans argent, sans pouvoir central pour le soutenir efficacement, n'a-t-il pas eu une tâche aussi difficile à remplir que pourra l'être demain celle de vos généraux et de vos hommes d'État? Quand votre ennemi lui-même s'est relevé du désastre d'Iéna, n'insultez-vous pas la France en la croyant à jamais déchue? Personne à l'étranger n'oserait penser cela d'elle, et ce sont ses plus généreux enfants que je vois désespérer ainsi! Tenez, messieurs, laissez-moi vous raconter une histoire. Ceci se passait après vos désastres de 1815. La France était battue comme aujourd'hui; elle avait à payer aux alliés une forte indemnité. Un vieux chef indien (du Canada), aussi renommé par sa sagesse que par son amour pour la France, reçut un jour la visite d'un Français, un ancien compagnon d'armes, qui lui dit : « Grand chef, la France est malheureuse; viens à son aide en nous indiquant les riches mines d'or dont tu n'as jamais encore voulu révéler le secret. » Le grand chef prit un air grave et répondit : « Je compatis vivement aux malheurs de ton pays; mais, si l'or doit le sauver, apprends qu'il y en a de plus riches mines en France qu'en Amérique. Ces mines y sont très-disséminées et d'une exploitation facile, pour peu qu'on le veuille. Persuade à tes compatriotes d'être sages, unis, travailleurs, de parler moins et d'agir davantage, et non-seulement ils auront vite payé leur dette, mais ils auront de plus acquis la grandeur réelle dont ils n'ont eu jusqu'ici que l'apparence. » Cela vous intéresse, messieurs? Eh bien, si, au lieu d'employer votre temps, votre énergie, votre intelligence, à faire fructifier en France la leçon du grand chef in-

11.

dien; si, au lieu d'apprendre à vos compatriotes comment on se relève et en quoi consiste la vraie revanche, — vous avez toujours envie de vous tuer, je ne vous retiens plus !

LE CAPITAINE, à Flitz. — Vous avez raison, monsieur, et nous vous remercions doublement pour nous avoir empêchés de commettre un crime et pour avoir fait pénétrer dans nos cœurs un rayon d'espérance.

DIDIER. — Recevez aussi, monsieur l'Américain, le témoignage de ma gratitude et de mes plus vives sympathies.

(Tous deux serrent affectueusement la main à Flitz.)

FLITZ. — Je vais, messieurs, vous prouver les miennes en vous faisant encore entendre quelques dures vérités. J'ai fait un séjour assez long dans votre pays. Il m'a paru que le cerveau français était comme une sphère tournant trop rapidement sur elle-même, et qui, par l'effet de la force centrifuge, avait toutes ses qualités à la surface et l'intérieur creux. Qu'il se modère, et ce vide sera rempli. Moins d'imagination et plus de réflexion. Vos compatriotes, messieurs, vont trop souvent à l'extrême, les uns croyant à tout et les autres ne croyant à rien. Par suite, il n'y a pas chez eux de véritable religion, ceux-ci niant Dieu et les autres le défigurant, les fanatiques engendrant les athées, et les athées produisant le chaos. Sans religion, pas de respect de la loi. Lisez les lettres de notre admirable Washington. Parcourez l'histoire des commencements de la république américaine. Vous verrez quelle force d'âme la foi en Dieu et dans le triomphe de la justice donnait aux chefs de la guerre de l'indépendance. Sans cette foi, les États-Unis ne seraient encore qu'une pauvre colonie exploitée et opprimée par une arrogante métropole. Ah! que les Français feraient bien d'étudier cette histoire et de s'en pénétrer, en y ajoutant, si cela leur plaît, la lecture du *Bonhomme Richard,* au lieu de se livrer aux écrivains pernicieux et déclamatoires qui les ont perdus jusqu'ici! Et voilà pourquoi la vraie liberté n'a pu encore s'acclimater en France, et pourquoi la libre Amérique professe un égal dédain pour tous les politiciens français, même pour ceux qui se disent libéraux et républicains!

DIDIER. — Vous êtes sévère, monsieur, mais il faut avouer que nous l'avons mérité.

FLITZ. — La justice m'oblige d'ajouter que, si vous étiez devenus par votre vanité insupportables à l'Europe, vos vainqueurs, par leur arrogance, travaillent à le devenir encore davantage. S'ils déshonorent leur victoire, comme on est en droit de le craindre, en réhabilitant le droit de conquête au dix-neuvième siècle; s'ils veulent prendre la suite des affaires de Napoléon Ier, ils apprendront tôt ou tard, comme vous venez de l'apprendre, à quoi mène le chauvinisme.

L'Aéronaute. — Messieurs, nous voici en Suisse!

Flitz. — En effet, j'aperçois le drapeau fédéral. Nous pouvons descendre enfin. Ah! si la France le voulait, comme elle pourrait vite transformer sa défaite en une victoire éclatante! Comme elle pourrait humilier ses vainqueurs, sans risque de représailles cette fois et sans outrage aux lois divines et humaines!

Didier et le Capitaine. — Comment cela?

Flitz. — En imitant simplement ce brave petit peuple, en s'inspirant de son esprit religieux et de son véritable libéralisme, et en lui donnant la main pour commencer la confédération des États-Unis d'Europe.

FIN DU QUATRIÈME ACTE.

CINQUIÈME ACTE

LE PRÉSIDENT DES ÉTATS-UNIS en 1890.

SA FEMME.

FLITZ.

L'Empereur FRITZ.

Le Prince de BISMARCK.

TRUBE.

Le Baron de MONTALBAN.

LOUISE.

Le Général WALTER.

Madame WALTER, sa mère.

WILHELMINE.

ARNOLD.

Les Délégués des démocraties européennes.

Le Corps diplomatique à Berlin.

SCHWARTZ.

Un Ouvrier socialiste.

PHILIP, invalide.

PLUTON, roi des enfers.

CARON.

Les Ombres de PLATON, — SOCRATE, — ATTILA, — LOUIS XIV,
— GOETHE, — THIERS, etc.

JOHNSON
Jean DURAND   } hors de l'action.
Un Allemand

CINQUIÈME ACTE

PREMIER TABLEAU

L'ÉTAT DE L'EUROPE EN 1890

La scène se passe à la Maison-Blanche.

SCÈNE PREMIÈRE.

LE PRÉSIDENT DES ÉTATS-UNIS, SA FEMME, et ensuite FLITZ.

LE PRÉSIDENT, à sa femme. — Notre ami Flitz m'annonce son retour d'Europe et sa visite pour ce matin. Veuillez ordonner qu'on serve le lunch dans mon cabinet.

LA PRÉSIDENTE. — Voudriez-vous me permettre, mon ami, de prendre le lunch avec vous? J'entendrais avec plaisir les récits de Flitz, si toutefois il n'y a pas d'indiscrétion.

LE PRÉSIDENT. — Mais pas du tout, ma chère, et

je suis enchanté que vous restiez. Vous savez bien
qu'il n'y a pas de secret d'État entre Flitz et moi.
Notre ami est un diplomate amateur qui s'est donné
la difficile tâche de convertir l'Europe au bon sens
américain et qui aura de la peine à réussir... s'il
réussit jamais. Je facilite volontiers ses efforts par
les relations que lui ouvre l'amitié bien connue qui
existe entre nous; mais le gouvernement, et même
le Président des États-Unis, sont complétement dés-
intéressés dans l'affaire.

Un Domestique annonce. — M. Flitz!

(Flitz salue la Présidente et serre la main du Président.)

Le Président. — Je suis enchanté de vous revoir, mon cher ami. Eh bien, quelles impressions
nous rapportez-vous du séjour prolongé que vous
venez de faire encore cette fois en Europe?

Flitz. — Hélas! cher Président, ces impressions
ne sont nullement rassurantes pour un avenir prochain. Ce n'était pas assez pour cette pauvre Europe d'avoir eu en moins de vingt ans quatre grandes guerres : en Autriche, en France, en Turquie et
dans les provinces baltiques. Une cinquième, plus
épouvantable que toutes les autres, se prépare visi-
blement. Pour moi, ce qui me frappe le plus dans
la situation actuelle de l'Europe, c'est la lâche apa-
thie des peuples, qui (sauf quelques réserves dont
je vous parlerai tout à l'heure) supportent tout

avec l'idiote indifférence des troupeaux qu'on mène à la boucherie.

LE PRÉSIDENT. — Ce qui me frappe davantage, mon cher ami, c'est l'insigne folie du gouvernement allemand, si, comme vous semblez le confirmer, il veut réellement tenter la Providence en s'exposant aux hasards d'une nouvelle guerre. Le monde espérait mieux de la sagesse du nouvel Empereur!

FLITZ. — Le fils de Guillaume voudrait la paix, mais le prince de Bismarck et la situation sont plus forts que lui. En imposant à la France les dures conditions du traité de Francfort, en enlevant les provinces baltiques à la Russie, l'empire allemand s'est condamné à ne jamais désarmer. Comme conséquence fatale, il s'est imposé l'obligation d'utiliser ses forces militaires un moment ou l'autre. La guerre est donc inévitable. D'ailleurs, l'Allemagne, au moins ses hommes d'État, trouvent que l'air, c'est-à-dire la mer, leur manque, et ils sont bien résolus à prendre la Hollande et Trieste, fallût-il pour cela avoir à combattre l'Angleterre et l'Autriche réunies. Bismarck, dont la politique semble avoir ouvert un compte inépuisable sur la bêtise humaine, espère encore cependant désarmer le cabinet de Vienne par des compensations en Orient.

LE PRÉSIDENT. — Si l'Autriche se laissait encore duper cette fois, elle mériterait... tout ce qui pourrait lui arriver, car vraiment, bien que les hommes politiques semblent n'y voir goutte en Europe, la justice divine apparait avec une implacable clarté dans les événements humains. L'Autriche aurait-elle été battue à Sadowa et expulsée de l'Allemagne, si elle ne s'était pas faite une première fois complice des convoitises prussiennes contre le Danemark? Évidemment non. La guerre de France aurait-elle eu lieu, si Napoléon ne s'était pas fait, en 1866, le complice de la Prusse contre l'Autriche? Non. Enfin, la Russie, en se faisant à son tour, en 1870, la complice de Berlin contre Paris, n'avait-elle pas rendu facile et inévitable la guerre qui, peu d'années après, a eu pour résultat la perte de ses provinces baltiques? C'est toujours entre complices qu'on se prend aux cheveux. Tandis que les hommes bataillent en aveugles, la Providence dirige les mains qui atteignent toujours le coupable.

FLITZ. — Rien n'est plus juste, mon cher Président; mais ce sont là des considérations bonnes pour un philosophe ou... un Américain. Les Européens d'aujourd'hui les trouveraient trop piétistes et prendraient celui qui les leur ferait entendre pour un quaker, sinon pour un fou.

LE PRÉSIDENT. — Des raisons d'un autre genre devraient au moins ouvrir les yeux à nos frères d'Europe. Comment ne voient-ils pas qu'avec les dépenses énormes résultant de leurs armements extravagants, ils vont à une ruine complète?

Flitz. — Ils devraient le voir, et beaucoup le voient certainement; mais si c'est le grand nombre, il n'a pas encore l'énergie de réagir. En attendant, la dette de la plupart des États européens s'est accrue dans des proportions inouïes. Quoi d'étonnant à cela, puisque tout l'argent qui passe parmi nous à amortir la dette publique ou à développer le commerce et l'industrie, est employé chez eux à entretenir des soldats et à fabriquer des engins de guerre? L'Allemagne tient naturellement le haut bout dans cette danse des dollars. Aussi le nouvel empire, qui s'était déjà trouvé, malgré les fameux cinq milliards, plus pauvre que la France, est-il maintenant, depuis la guerre avec la Russie et par suite de la nécessité plus rigoureuse que jamais de maintenir un état militaire formidable, dans un état de crise intérieure dont nul ne saurait prévoir les conséquences.

Le Président. — Je comprends très-bien l'appauvrissement constant de l'empire allemand par suite de son organisation militaire, et je sais bien aussi que la presque totalité des cinq milliards a été employée autrement qu'en dépenses productives; mais je ne m'explique pas encore bien l'influence fatale que le versement de cette énorme indemnité paraît avoir exercée sur le peuple allemand.

Flitz. — La chose est bien simple. Les cinq milliards, ou plutôt le tintement de cette colossale rançon, grisèrent les Allemands plus que cinq milliards de bouteilles de champagne. Ils provoquèrent la hausse des salaires et, par suite, rendirent leur production plus coûteuse. Les capitaux se tournèrent vers la spéculation. On acheta des papiers fort au-dessus de leur valeur. A cela, il faut ajouter que tous les grands spéculateurs allemands, considérant la France comme perdue et la voyant d'avance accablée à coup sûr le jour où il plairait à Bismarck, se mirent tous à la baisse, dans des proportions énormes, sur les fonds français, et d'aucuns prétendent qu'à ce jeu, rendu ruineux pour eux par l'épargne française et par l'inaltérable confiance des Français, ils ont reperdu une bonne partie des cinq milliards. Voilà comment l'économie politique, beaucoup trop sacrifiée par le gouvernement de Berlin à la science de la guerre, a procuré aux Français une première et légitime revanche. L'Amérique avait pressenti ce résultat, car, à la première nouvelle de l'immense succès de l'emprunt de trois milliards, elle applaudit, elle reconnut la vitalité de la France, et ses sentiments, jusque-là favorables à l'Allemagne, se retournèrent décidément en faveur des Français. Ce sentiment s'est encore accentué quand elle a vu ici même, à l'Exposition de Philadelphie, dans le compartiment des machines, les canons et autres engins de guerre occuper presque tout l'espace réservé aux produits allemands.

Le Président. — Vous ne me parlez pas de la France, où cependant j'ai vu, par vos lettres, que vous aviez fait un assez long séjour?

Flitz. — La France, mon cher Président, continue de tromper toutes les prévisions pessimistes par le changement extraordinaire qui s'est opéré dans son esprit et dans ses mœurs politiques. Les querelles de mots y ont fait place aux préoccupations sérieuses, et la politique d'affaires y a succédé à la politique d'aventure. Vaincue sur le Rhin, la France triomphe pacifiquement chez elle et dans les vastes territoires du nord de l'Afrique, qu'elle ouvre à la civilisation. Par cette attitude sage, elle a dérouté la haine de M. de Bismarck, qui, sans la Russie, lui eût déclaré la guerre en 1875.

Le Président. — Et John Bull?

Flitz. — Ah! John Bull a été jusqu'ici le plus habile, puisqu'il a su, chaque fois, sans tirer un coup de canon et souvent sans bourse délier, profiter des complications et des folies continentales, pour créer à son industrie et à son commerce de nouveaux débouchés. Toutefois, John Bull commence à craindre d'être obligé à son tour de descendre dans la lice, et il est naturellement très-préoccupé des visées ambitieuses que Bismarck ne dissimule plus sur la Hollande.

Le Président. — Mais y a-t-il des indices certains que le cabinet allemand veuille réellement faire cette folie?

FLITZ. — Oui, et voici à cet égard un petit fait caractéristique. Il y a peu de temps, M. de Bismarck a fait appeler un savant ethnologue allemand, appelé Furst, dans le cabinet de l'Empereur, et lui a dit : « Sa Majesté a voulu vous entendre, magnifique docteur, pour s'éclairer sur les graves questions que la science ethnologique, dont vous êtes le flambeau, a si clairement résolues. Dites-nous en peu de mots quelles sont les limites que Dieu, par la voix de la science, a assignées à l'empire allemand. » Le docteur Furst a répondu d'un air inspiré : « L'Allemagne est partout où résonne la langue allemande, partout où battent des cœurs allemands. La Hollande, Trieste, une partie de la Suisse et du Danemark lui appartiennent aussi légitimement que l'Alsace-Lorraine et les provinces baltiques revenues à elle à la suite des glorieuses guerres de l'empereur Guillaume. — C'est bien, a dit M. de Bismarck ; Sa Majesté vous remercie, magnifique docteur. Elle applaudit à la profondeur de votre science et n'aura garde d'en oublier les conclusions. » Il lui a fait un signe, et Furst est sorti en s'inclinant.

LE PRÉSIDENT. — L'histoire est piquante, même pour nous, car les Allemands ne manquent pas en Amérique. L'Océan, heureusement, nous protége.

FLITZ. — Elle est grave pour les voisins de l'empire allemand, car la même comédie s'est renouvelée avant chacune de ses grandes guerres. Personne, au reste, ne doute plus des intentions du Prince Chancelier, qui est le véritable empereur d'Allemagne, depuis qu'on voit toutes les gazettes à son service accuser l'Autriche et l'Angleterre de faire des armements et de vouloir troubler la paix du monde.

LE PRÉSIDENT. — Toujours les vieilles comédies qui réussissent le mieux!

FLITZ. — Hélas! ce prince de Bismarck dérange mes combinaisons. J'avais espéré pouvoir passer cette année dans ma ferme du Michigan, et me voilà obligé très-probablement de retourner bientôt en Europe.

LE PRÉSIDENT. — Qu'espérez-vous donc, mon cher ami?

FLITZ. — Ah! voici l'autre côté de la médaille, dont je ne vous avais pas encore parlé. J'ai pu constater cette fois que la démocratie allemande avait fait des progrès sérieux. Elle a enfin renoncé aux vieilles utopies communistes, et elle réprouve énergiquement l'assassinat politique. Elle s'est détournée de la voie de l'impiété et du matérialisme où les démocrates européens se sont trop longtemps égarés, et, forte de cette confiance en Dieu qui double les forces humaines, elle marche bravement aux conquêtes libérales qui élèvent les âmes et ne font pleurer personne. Grâce aux folies de ses gouvernants, grâce aussi à la sagesse de la France, qui a compris qu'il fallait avant tout ne rien faire qui pût éveiller les susceptibilités de ses vainqueurs, le bon sens naturel aux populations germaniques, bon sens un instant dévoyé par le spectre de la France napoléonienne, a pleinement repris le dessus. Les démocrates socialistes gagnent du terrain à toutes les élections. Ils ont fait comprendre au peuple allemand que, puisque rien ne le menaçait à l'extérieur, il était temps de s'occuper des réformes intérieures sacrifiées jusqu'ici aux vaines fumées d'une gloire sanglante. Et c'est cette situation même qui, en talonnant M. de Bismarck, contribuera à le précipiter dans sa nouvelle aventure, **comme une** situation analogue y a précipité Napoléon en **1870.**

Le Président. — Voilà, certes, Flitz, un changement heureux dont je me réjouis sincèrement dans l'intérêt de nos frères d'Europe ; car, avec la France guérie de son vieux chauvinisme et avec l'Allemagne à la fois sage et puissante, et débarrassée du régime militariste qui pèse si lourdement sur elle, il me semble qu'il resterait peu de place aux folies des autres puissances européennes.

La Présidente. — Je ne comprends pas que les femmes d'Europe ne s'emploient pas pour faire revenir les hommes à la raison.

LE PRÉSIDENT. — Est-ce que vous désireriez, ma chère, qu'elles intervinssent dans les affaires politiques?

LA PRÉSIDENTE. — Non; mais chacune pourrait rappeler à son époux, à son frère, à son fils, que tout ce qui est injuste, inhumain, dans les rapports privés, ne l'est pas moins dans les rapports internationaux, et que Dieu, qui punit les voleurs et les meurtriers, ne peut pas sourire à ceux qui font le métier en grand.

LE PRÉSIDENT.— C'est très-juste, et je pense que plus d'une Européenne rappelle ces vérités dans sa famille. Mais, hélas! la vérité a les pas moins longs que l'erreur. Savez-vous, ma chère, d'où vient le grand mal en Europe, d'où viennent le manque de jugement, l'orgueil et cette foule de préjugés dont les mauvais gouvernements et les mauvaises politiques ne sont que le dernier mot? Cela vient de ce que la plupart des pères et des mères ne donnent pas eux-mêmes la première éducation, la décisive, à leurs enfants, et de ce que la plupart des personnes chargées de ce soin ne comprennent pas qu'avant de former un savant ou un citoyen, il faut d'abord former un homme et un chrétien.

SCÈNE II.

JOHNSON et Jean DURAND.

JOHNSON. — Les honorables personnages ayant quitté la scène, je prie les ladies et gentlemen de me permettre d'y rentrer un instant pour expliquer ce qui vient d'être dit au sujet de la France.

DURAND, de son avant-scène. — Ceci est du plus haut intérêt. Racontez-nous vite, cher ami, comment un si grand miracle a pu s'opérer en France.

JOHNSON. — J'avais préparé une grande scène, qui devait se trouver ici, pour montrer les débuts de l'œuvre de la régénération française. Le chef de l'État y figurait au milieu d'une assemblée convoquée pour la circonstance. Il exposait la situation du pays et faisait, comme doit le faire un bon président, l'éloge de tous les partis, même de ceux qui ne valent pas un *cent*. Il faisait appel au patriotisme de tous. Il disait à peu près ceci :

Messieurs,

Nos divisions sont le fondement principal de la puissance de nos ennemis. Or, plus on réfléchit, plus on reconnaît que nos divisions portent sur les mots plutôt que sur les choses. Les monarchistes acceptent assez bien les institutions libérales pourvu

qu'on ne leur parle pas de république, — et les ul-
tra-radicaux eux-mêmes ne sont pas si ennemis de
l'ordre qu'ils en ont l'air, pourvu qu'on leur épargne les mots de roi et de monarchie qui les blessent
spécialement. Chaque parti a, comme les taureaux,
une couleur qui le met en furie et lui ôte la raison.
Les amours-propres de partis et certains préjugés
grammaticaux jouent en ceci un plus grand rôle
que les principes et le patriotisme. J'ai donc pensé
que le premier moyen de ramener l'entente parmi
nous était de vous proposer la suppression définitive
des mots *république* et *monarchie,* suppression qui
doit être sanctionnée, non par des rigueurs lé-
gales, mais par le bon sens patriotique de chaque
citoyen. Qu'il soit donc bien entendu qu'il n'y a
plus parmi nous ni monarchistes ni républicains,
mais simplement de bons Français désireux d'é-
tonner le monde par leur sagesse après l'avoir scan-
dalisé par de folles et puériles dissensions. J'entends
prononcer d'autres mots pour remplacer ceux que
vous allez supprimer. Le mot, messieurs, qui me
paraît le moins prêter aux commentaires de parti
est celui qui vient à l'idée de chacun de nous en regardant le noble pays qui, depuis un siècle, nous
donne, de l'autre côté de l'Atlantique, l'exemple du
bon sens et de la vraie liberté. Appelons-nous simplement l'Union française, et laissant de côté les
vaines querelles, appliquons-nous à donner au pays

les biens essentiels dont il a tant besoin pour se relever de ses désastres. Développons le sentiment religieux dont l'oubli a été peut-être la première cause de nos malheurs et le plus grand obstacle à notre relèvement. Dans ce but, invitons à la fois le clergé à plus de tolérance et les libres penseurs à plus de réserve : ce sont leurs exagérations réciproques qui ont fait l'impiété, laquelle a produit l'anarchie morale dont nous avons eu tant de peine à sortir. L'exemple de l'Amérique, et je pourrais ajouter de l'Angleterre et de la Suisse, nous prouve, messieurs, en dépit de préjugés trop accrédités et qui ont failli compromettre encore récemment le succès de notre renaissance, qu'il n'y a de véritablement libres, quelle que soit d'ailleurs la forme du gouvernement, que les peuples foncièrement religieux. Donnons à l'éducation publique une meilleure direction qu'on ne l'a fait jusqu'ici : il faut qu'elle soit à la fois plus religieuse et plus pratique. Après avoir appris à l'enfant à adorer Dieu, principe de vertu, apprenons-lui à chercher dans le travail la source de réelles satisfactions et la meilleure garantie d'indépendance. Religieux et laborieux : je ne demande que cela au nouveau peuple français pour que l'éclat de sa résurrection égale celui de sa chute. Guidé par Dieu et soutenu par sa propre activité, il comprendra enfin la liberté, — la vraie, — celle qui ne se préoccupe pas plus des athées

qu'elle ne s'effarouche des Jésuites — et il la cher-
chera où elle se trouve réellement. Il ne sera plus
la dupe de mots sonores et la proie des ambitieux.
Je m'abstiens, messieurs, de développer davantage
ces idées que votre intelligent patriotisme a com-
prises. Je n'ai voulu qu'ouvrir aujourd'hui une voie
au bout de laquelle est la France de l'avenir, une
France plus belle et plus glorieuse que celle dont la
catastrophe a étonné le monde.

Durand. — Voilà certainement un sage discours,
ami Johnson; mais comment l'a-t-on accueilli?

Johnson. — J'avais essayé d'exprimer les sentiments divers provoqués par ce speech. Les partis
extrêmes s'étaient récriés selon l'usage, avec fureur, et il n'avait fallu rien moins que l'autorité de
l'orateur pour qu'il parvint à dominer le tumulte.
Aussi mes acteurs ont-ils déclaré qu'ils ne se sentaient
pas capables de reproduire exactement sur le théâtre
l'agitation et l'indiscipline d'une assemblée française,
et que le mieux était de raconter ce qui s'était
passé. C'est là, aimables ladies et honorables gentlemen, la tâche dont je viens de m'acquitter. J'ajoute
que la majorité de l'assemblée française ayant finalement approuvé les propositions du président, la
patrie de Lafayette et de Rochambeau, la France,
notre ancienne sœur rajeunie, s'appelle depuis lors
l'Union française et a commencé l'introduction en

Europe des institutions et des idées qui font la gloire et la prospérité de l'Amérique.

DURAND. — Tout cela est fort bien, Johnson, et je ne saurais trop applaudir à la sagesse future de mes compatriotes; laissez-moi vous dire seulement, à moi qui les connais mieux que vous, que votre généreuse hypothèse est malheureusement très-invraisemblable. Voulez-vous me permettre aussi, à moi qui ai vu la France depuis ses désastres, de dire comment j'envisage son état, et dans quel sens vous pourriez rectifier vos prévisions ?

JOHNSON. — Volontiers, mon digne ami, parlez!

DURAND. — Eh bien, je crois que si la République survit à bien des fautes grossières de ses partisans, elle le devra avant tout à une réaction vraiment libérale contre la coterie qui s'efforce de mettre pour ainsi dire Dieu à la porte des choses humaines, sans s'apercevoir que ce serait éteindre la source de toute moralité, de toute force, de tout patriotisme. Mes pauvres compatriotes ont grandement besoin d'apprendre à se soucier un peu moins de l'étiquette gouvernementale et un peu plus du fond du gouvernement. J'espère qu'ils finiront par comprendre qu'on ne peut pas plus forcer la nature d'une race que le climat d'un pays. S'il est impossible de faire pousser la canne à sucre dans la région des lacs et l'edelweiss [1] sous les tropiques, il

____

[1] Une fleur des Alpes.

ne l'est peut-être pas moins de faire vivre une république américaine dans les terres légères de
l'esprit français. On pourrait peut-être y faire
pousser, — et ce serait un grand résultat, — une
république française au drapeau tricolore, teinté de
monarchie, de bourgeoisie et de démocratie, trois
nuances aussi indispensables aux Français que les
bannières, la musique et les fleurs aux fêtes reli-
gieuses des peuples du Midi. Il faudrait pour cela
que les puritains des deux pôles politiques extrêmes
voulussent renoncer à leurs rêveries pour se rési-
gner à un régime mixte que la force des choses
semble indiquer, mais qui ne peut être que le résultat de concessions réciproques et opportunes. A
la place de votre rêve un peu vague, ami Johnson,
voici le mien : La France de 1870 a à sa tête un
président élu et réélu dont le nom a rallié aux nouvelles institutions tout le parti tory, en même temps
que son libéralisme connu, son respect des institutions républicaines, sa réserve patriotique, lui ral-
liaient à lui-même la majorité whig. Ce serait une
république avec un bonnet non phrygien, mais mo-
narchique, à moins que ce ne fût une monarchie
avec des institutions républicaines. J'imagine, en
tout cas, un état de choses où la tradition et les nécessités présentes seraient heureusement conciliées,
et où les partis seraient réconciliés autant que les
diversités d'origine, d'éducation et d'intérêt le per-

mettent. Ce régime, tel que je le comprends, pourrait être considéré comme foncièrement républicain, puisqu'il laisserait les Français déployer librement leur activité dans toutes les directions sans autres limites que celles du bon sens général et de la liberté d'autrui, ce qui est la seule manière raisonnable d'être libre. Rêve pour rêve, cher ami, j'aime mieux le mieux. Mais je crains bien que nous n'ayons rêvé tous les deux.

JOHNSON. — Je vois avec plaisir, Jean Durand, que si nos prévisions diffèrent un peu sur la forme future du gouvernement français, elles ne diffèrent pas au fond sur sa politique extérieure et même sur son libéralisme. Quant à l'invraisemblance de nos rêves, raison de plus pour qu'ils se réalisent. Passez en revue tous les grands événements depuis quarante ans : la chute de Louis-Philippe, le retour des Bonaparte, la guerre de Crimée, l'unification de l'Italie, l'horrible guerre civile qui nous a déchirés nous-mêmes, les victoires de la Prusse sur l'Autriche, puis sur la France, la chute de Napoléon III et la mort de son fils chez les Zoulous : est-ce que chacun de ces événements n'était pas très-invraisemblable avant d'être un fait accompli ? Patience donc, ami Jean Durand, nous ne sommes pas au bout des vérités invraisemblables que nous réserve l'avenir.

DEUXIÈME TABLEAU

—

A Paris, dans le salon des Montalban.

———

SCÈNE III.

M. DE MONTALBAN et LOUISE.

MONTALBAN. — Vous avez quelque chose à me dire, Louise?

LOUISE. — Oui, mon père.

MONTALBAN. — Je vous écoute.

LOUISE. — J'ai rencontré hier chez une amie madame veuve Didier. Vous vous rappelez cette pauvre Wilhelmine qui, quoique Allemande, a si sincèrement compati aux malheurs de notre pays. Elle m'a appris que son frère, le général Petrus Walter, était à Paris, et qu'il avait manifesté un vif désir de me voir.

MONTALBAN. — Ah !

LOUISE. — Je n'ai pas cru devoir refuser la permission qui m'était demandée.

Montalban. — Je ne m'imagine guère ce qu'il peut vouloir vous dire.

Louise. — Ni moi non plus, mais je vais le savoir bientôt, s'il est exact, car voici l'heure de sa visite.

Montalban. — Alors, je lui cède la place.

SCÈNE IV.

LOUISE, Petrus WALTER.

Un Domestique annonce : M. le général Walter.

Walter. — Laissez-moi d'abord vous remercier, mademoiselle, d'avoir bien voulu consentir à cet entretien. Peut-être, sous l'influence de vos sentiments patriotiques, avez-vous été injuste à mon égard ; mais j'aime trop moi-même mon pays pour ne pas comprendre et ne pas honorer ce sentiment chez les autres. La force des choses nous a séparés, mais sans diminuer en rien le respect et, laissez-moi le dire aussi, la profonde affection que je vous ai voués. Vous avez souffert cruellement sans doute, mais pensez-vous que je n'ai pas souffert aussi, d'autant plus souffert que le seul moyen de vous désarmer était de ceux que mon devoir d'Allemand et de soldat ne me permettait même pas d'examiner?

Louise. — Je crois que vous faites erreur, général. Qu'avez-vous donc pensé que j'aurais désiré de vous ?

WALTER. — Auriez-vous été si cruelle pour moi si, désavouant la politique de mon souverain, j'avais refusé de prendre part à la guerre contre la France ?

LOUISE. — Si vous aviez fait cela, je vous aurais retiré mon estime, tandis que je n'ai fait que vous retirer mon affection, parce qu'après ce qui s'est passé, toute union entre un Prussien et une femme française serait un crime.

WALTER. — Je vous écoute avec tristesse, mais avec admiration, et je me demande comment une âme aussi élevée que la vôtre n'est pas encore arrivée à séparer deux sentiments aussi distincts que l'amour et le patriotisme. Pour moi, je le déclare, vous m'êtes restée chère, malgré tous les événements, malgré vos dédains, et la preuve, c'est que vous me voyez aujourd'hui m'exposant à de nouveaux affronts pour vous redire les sentiments que mon cœur n'a jamais cessé de nourrir pour vous.

LOUISE. — Vous êtes homme, monsieur, et votre pays est vainqueur : rien ne vous empêchait de m'aimer. Je suis femme, et mon pays a été vaincu, que dis-je ? écrasé, humilié de toutes les façons, ne devant un reste d'existence qu'à sa forte vitalité ou à des nécessités d'équilibre politique, et non pas à la générosité de son ennemi. Est-ce aux femmes françaises à tresser des couronnes pour ce dernier? Le patriotisme a aussi ses délicatesses. Est-ce qu'on ne les comprend pas dans votre pays?

WALTER. — Vous avez tort de m'accabler. Ma présence ici devrait vous paraître d'autant plus méritoire que ce langage peu généreux n'a pour moi rien d'inattendu. Est-ce que je serais resté si longtemps sans me présenter à vous, si je ne comprenais pas ces délicatesses dont vous parlez? Douze ans sans vous voir, sans oser me rappeler à votre souvenir, presque sans espoir, n'est-ce pas un titre à votre justice, au moins à votre indulgence? Tous les deuils humains ont heureusement un terme. La France est guérie. L'Europe la respecte. Nous-mêmes nous briguons son alliance. J'ai osé espérer que la dure épreuve imposée à mon cœur pouvait être finie.

LOUISE. — Allez demander aux populations de l'Alsace et de la Lorraine si l'épreuve est finie. Ce n'est pas douze ans, c'est un siècle de haine que le démembrement de la France a placé entre les deux pays. Comment pouvez-vous dire que la France est guérie, quand un million et demi de ses enfants souffrent directement de cet acte odieux et que les trente-six millions restants ne vivent que pour délivrer leurs frères opprimés? Comment ne voyez-vous pas enfin que la fausse voie où votre gouvernement est

entré, ne laisse plus ni sécurité ni garantie à l'Europe, et à l'Allemagne moins qu'à tout autre ? Ah !
général, laissez-moi vous dire ce qui m'a le plus
étonnée dans ces événements douloureux : c'est de
voir que, dans cette Allemagne où, je le reconnais,
battent tant de cœurs honnêtes, sont pratiquée stant
de solides vertus, il ne se soit encore trouvé personne pour avertir le souverain et ses conseillers
qu'ils se trompent, et que ce n'est pas en imitant
Napoléon Ier qu'ils fonderont la véritable paix et la
véritable grandeur de l'Allemagne. Il est beau sans
doute de servir fidèlement son pays ; mais quand ce
pays est à l'apogée de la puissance, quand on ne
court plus le risque de compromettre ses succès, le
premier devoir est de lui dire, coûte que coûte, la
vérité. Je vous ai gardé mon estime, Petrus, parce
que vous avez été un brave et loyal serviteur de
votre roi ; mais combien cette estime eût été plus
grande si, après notre défaite, vous aviez su vous
élever à des pensées plus hautes et plus humaines ;
si vous aviez alors employé votre influence à ramener votre pays à la vraie politique ! car la politique de vengeance, qui a prévalu à Versailles et à
Francfort, n'est pas la véritable, puisqu'elle ne
peut avoir que des effets désastreux. Ah ! si l'on
m'avait dit, au milieu des ruines où la guerre nous
a laissés, que vous aviez pris cette noble attitude,
j'aurais été fière de vous. Cela n'eût pas changé,

certes, les nouveaux devoirs que les événements m'imposaient. Nous n'en étions pas moins séparés pour jamais. Mais, du moins, j'aurais pu sans remords arrêter ma pensée sur votre souvenir; je vous aurais regretté; j'aurais été fière de ne pas m'être trompée dans mon choix. Je n'aurais pas désespéré de l'avenir. Vous avez perdu, Petrus, la seule occasion qui vous était restée d'adoucir pour moi l'amertume de nos malheurs.

WALTER. — Ah! malgré les duretés que contiennent vos paroles, soyez bénie pour ce qu'elles contiennent de douceur, et pour le rayon d'espérance qu'elles ont fait glisser au fond de mon cœur. Mon amour et mon admiration pour vous dépassent encore la mesure d'autrefois. Laissez-moi, Louise, me mettre à vos genoux.....

LOUISE. — Arrêtez-vous, général! Je vois bien que nous nous entendons moins que jamais, et cela n'a rien d'étonnant, puisque votre prince de Bismarck, le plus perspicace des Prussiens, n'a certainement jamais vu ce que le caractère français a de bon à côté de ce qu'il a de frivole ou de mauvais. Si vous me connaissiez mieux, l'espérance ne se mêlerait pas à votre amour. Vous allez connaître la fermeté de mes résolutions à la liberté de mon langage. Je vous ai aimé, Petrus, et, je puis le dire maintenant, je vous aime encore. Je vous aime, mais vous ne serez jamais mon époux. Le sort de nos deux patries nous a séparés pour jamais. Du jour où la Prusse, en démembrant notre territoire, a rendu entre nous toute réconciliation impossible, ma résolution a été prise. J'ai juré de vous prouver à vous personnellement, si l'occasion m'en était fournie, que vos hommes d'État avaient méconnu et calomnié notre nation; qu'il y avait en elle de la générosité, du dévouement, et, — ce qui manque chez eux, — des sentiments plus élevés que ceux d'un vulgaire patriotisme. Je commence, en ce qui me concerne, la revanche de mon pays. Je vous aime, mais je brise ce sentiment dans mon cœur. Adieu, Petrus; je bénis le ciel de m'avoir permis de vous revoir et de vous parler une dernière fois. Peut-être mes paroles éveilleront-elles dans votre cœur la conscience des sublimes vertus que l'Allemagne,— à en juger par ses gouvernants, — ne paraît pas encore avoir soupçonnées. Vous paraissez ému : je le suis aussi; mais je sens que Dieu m'inspire, et je ne regretterai pas le sacrifice que je consomme aujourd'hui s'il peut ouvrir vos yeux à la divine lumière de la vérité. Adieu, pour jamais! (Elle s'enfuit.)

WALTER, après un moment de stupéfaction. — Ah! vraiment, cette femme vaut infiniment mieux que nous tous. Elle a fait pénétrer dans mon âme des lueurs inconnues. La patrie allemande : je n'avais rien vu jusqu'ici au delà et au-dessus. Il y a cependant au delà l'humanité, et il y a au-dessus les règles éternelles et immuables de la justice et de la vérité. Ah! Louise, mes yeux s'ouvrent. Je ne te verrai plus; mais si, au fond de ta retraite, tu entends parler de moi, je veux que ce soit pour reconnaître que tu ne t'étais pas tout à fait trompée, et que mon cœur était digne du tien!

TROISIÈME TABLEAU

—

DANS LES ENFERS

—

Le théâtre représente les Champs Élysées. Les ombres se promènent sous les arbres au bord du Styx où Caron passe les morts avec sa barque. Les morts affluent, et Caron ne peut les passer tous. Dans le fond, on aperçoit un pilori où est attaché Napoléon Ier.

SCÈNE V.

CARON, PLATON, SOCRATE, ATTILA, LOUIS XIV, GOETHE, AUTRES MORTS.

CARON, ramant pour passer les ombres. — Je ne sais ce qui se passe là-haut, mais il y a évidemment quelque part un de ces grands tueurs d'hommes comme celui qui est au pilori. (Se tournant vers le pilori et criant.) Prends patience, Napoléon, ton supplice ne peut plus durer bien longtemps, car il y a quelqu'un sur la terre qui travaille à te remplacer. Comment ferai-je, grand Jupiter, pour passer tant de monde?

(La barque touche la rive. Les morts débarquent.)

SOCRATE, aux morts qui arrivent.— **Qui êtes-vous, mes amis?**

UN DES ARRIVANTS. — Nous sommes des Allemands morts en tentant une descente en Angleterre.

PLATON. — Maître, vos sublimes contemplations ne vous ont pas laissé le temps d'apprendre que les Allemands sont les Germains et l'Angleterre le pays des Bretons.

SOCRATE. — Pourquoi attaquiez-vous l'Angleterre?

LE MORT. — Nous ne savons rien, sinon que les Anglais ayant voulu nous empêcher de prendre la Hollande, le prince de Bismarck s'est fâché et a envoyé une armée pour les punir. L'armée était à bord de deux escadres. Nous faisions partie de la première, qui a échoué dans son entreprise; mais la seconde a dû réussir.

SOCRATE. — Quel est ce prince Bismarck dont on parle? Sur quel peuple règne-t-il?

PLATON. — Maître, ce Bismarck est un Scythe devenu premier ministre de l'Empereur des Germains.

SOCRATE, à Platon. — Vous me disiez que toute l'Europe était chrétienne et civilisée, sans en excepter les Scythes et les Germains?

PLATON. — Hélas! maître, cela est vrai, mais la férocité du cœur humain a été encore plus forte que

la divine lumière du christianisme, et les civilisés
d'aujourd'hui ne valent pas mieux, à certains égards,
que les barbares de notre temps.

(Caron débarque une nouvelle fournée de morts.)

ATTILA. — Holà! guerriers sanglants, d'où ve-
nez-vous ? Quels géants vous ont fait ces effroyables
blessures?

UN MORT. — Nous sommes tombés sous les obus
prussiens en défendant le sol sacré de la patrie autrichienne.

ATTILA. — On a fait de mon nom le symbole des
invasions et des cruautés impitoyables ; mais jamais
je n'ai fait tuer, dans toute ma carrière, autant
d'hommes que nous en a envoyé le conquérant qui
parcourt actuellement la terre. De mon temps, les
promenades armées dans les contrées plus favorisées
du Midi et de l'Ouest étaient une nécessité. C'est
pour ne pas mourir de faim que nos tribus pasto-
rales allaient à la recherche de régions plus fertiles.
S'il n'en est pas de même aujourd'hui, comme on
le dit; si le sol de la Germanie est capable de nourrir
ses habitants, pourquoi l'abandonner et aller répandre la désolation et la mort dans d'autres
pays?

PLATON. — O roi des Huns, les invasions armées
d'aujourd'hui sont, en effet, de quelques beaux
motifs qu'on les colore, plus injustifiables que de

votre temps. Le sol de la Germanie pourrait fort bien nourrir tous ses enfants si des préoccupations guerrières soigneusement entretenues par une casté funeste n'empêchaient pas d'en tirer tout ce qu'il peut donner, en même temps qu'elles rendent inévitables de temps à autre des agressions contre les voisins.

(Caron débarque encore d'autres morts.)

Un Hollandais. — La guerre est plus acharnée que jamais. Amsterdam a eu le sort de Francfort. Le général prussien lui a donné vingt-quatre heures pour livrer douze millions de florins, en la menaçant du pillage. De courageux patriotes, — et je m'honore d'être du nombre, — ont coupé les digues, et la ville conquise, comme un vaisseau qui ne veut pas se rendre, s'est ensevelie avec tous ses odieux vainqueurs sous les flots de l'Océan.

Un Anglais. — Une partie de l'expédition allemande, trompant la surveillance de notre escadre, est parvenue à débarquer sur le sol britannique. La journée de Dorking est devenue une réalité. Mais le triomphe de l'ennemi sera court. Aucun des envahisseurs ne reverra l'Allemagne.

Un Allemand. — Une seule lueur consolante a brillé dans la nuit sombre où se débat la patrie. Le général Walter a eu le courage d'aller trouver l'Empereur pour lui dire qu'il se trompait, qu'il était la dupe de funestes conseillers, et que l'ancienne affec-

tion du peuple allemand pour sa dynastie se chan-
geait chaque jour en haine.

DES ANCIENS MORTS. — Qu'a répondu l'Empereur?

L'ALLEMAND. — L'Empereur n'a rien répondu et
voulait renvoyer Walter en liberté ; mais le prince
de Bismarck l'a fait arrêter et jeter dans les cachots
de la forteresse de Spandau.

(Caron débarque un pendu qui a encore la corde au cou.)

UNE VOIX. — Tiens! c'est Herz, le chef des démocrates socialistes de Berlin. Par quelle aventure,
ami, viens-tu rejoindre les camarades morts sur le
champ de bataille?

HERZ. — Tandis que vous mouriez pour soutenir
la tyrannie en croyant défendre la patrie, je travail-
lais, avec d'autres cœurs dévoués, à la délivrer des
hommes qui, abusant de la générosité et de la crédu-
lité allemandes, la mènent aux abîmes. J'ai écrit et
dit hautement ce que ma conscience me dictait. J'ai
prêché le renversement du gouvernement qui est le
fléau du pays. J'ai été arrêté et condamné à mort
pour haute trahison. Mais ma mort ne sera pas sans
fruit. Du haut de la potence, j'ai crié à la foule :
« Le peuple allemand est mûr pour la liberté. La
tyrannie ne tient qu'à un fil plus facile à couper que
la corde où va pendre mon cadavre. Mes amis, élisez
le général Walter, et vous frapperez au cœur l'in-
fâme système qui épuise et déshonore l'Allemagne. »

Le bourreau m'a lancé dans l'éternité, mais pas assez tôt pour m'empêcher d'entendre les acclamations populaires et de voir que mes paroles étaient tombées comme le bon grain dans une terre féconde.

SOCRATE, à Platon. — Quel est ce groupe d'ombres, à l'aspect vénérable, qui s'avance vers nous ?

PLATON. — Ce sont les fondateurs de l'indépendance américaine. Celui qui les domine par la taille comme par la renommée, fut l'âme de la défense et de l'organisation des États-Unis : c'est Washington. Autour de lui sont Henry, Madison, John Hancock, Rutledge, Jefferson, et enfin l'illustre Benjamin Franklin, qui à la gloire de fin politique et de moraliste populaire voulut joindre celle de savant physicien, car c'est lui qui le premier a appris aux hommes à se garantir des traits de Jupiter.

FRANKLIN, à Herz. — Salut, esprit généreux ; les initiateurs de l'indépendance américaine sont heureux de saluer en toi un des initiateurs de la liberté allemande. Tu vivras dans la mémoire reconnaissante de l'humanité comme Horatius Coclès, tandis que l'exécration publique s'attachera éternellement aux Bismarck, aux Guillaume et aux George III. Comme nous, les Allemands triompheront de l'injustice et de la tyrannie.

GOETHE, à Platon. — O le plus sage des Grecs, je demande, au nom de l'Allemagne et de la société moderne tout entière, pardon à la docte antiquité et aux illustres fondateurs de la république américaine, du triste spectacle que présente en ce moment l'Europe. Je sais bien que la sagesse, apanage de quelques hommes, ne peut être celui de l'humanité entière, et que chaque peuple a donné tour à tour l'exemple des plus insignes extravagances. Mais j'avoue que je croyais impossible le retour de pareilles boucheries, et surtout je ne pensais pas qu'elles dussent coïncider avec le triomphe de l'Allemagne.

PLATON. — Tu n'as pas de pardon à demander, Gœthe. Le cœur humain n'est pas fait en Allemagne autrement qu'ailleurs, et l'on aperçoit toujours au fond de ses replis le serpent Python à côté de l'esprit bienfaisant. C'est Python qui triomphe en ce moment, mais il est épuisé, et il faut espérer qu'après lui viendra le réveil des divines énergies dont ce courageux pendu (montrant Herz) nous a apporté le présage.

LOUIS XIV, à Platon. — Illustre philosophe, j'ai commis bien des erreurs pendant la longue durée de mon règne, et je suis le premier à reconnaître que la suprême Justice ne m'avait pas placé injustement à ce pilori où m'a remplacé Napoléon. Mais je tiens à constater que le fanatisme national allemand m'a chargé de bien plus de crimes que je n'en ai commis. J'ai brisé ma canne sur le dos de Louvois pour cette dévastation du Palatinat dont on a fait tant de bruit, et où l'on a brûlé, il est vrai, beaucoup de villages, mais après en avoir fait sortir les habitants. Je défie qu'on trouve dans tout mon règne quelque chose de semblable au sac de Magdebourg ou aux atrocités qui se commettent actuellement sur la terre.

(Le rideau du fond se lève et l'on aperçoit Pluton sur son trône, environné de toute sa cour et des juges des Enfers. Pluton appelle Thiers et lui remet des tenailles et un marteau.)

THIERS. — Pourquoi ces instruments?

PLATON. — Pour desceller bientôt les chaînes qui retiennent encore Napoléon Ier au pilori et clouer à sa place le monstre qui ravage actuellement la terre. Adolphe Thiers, tu as rendu à ton pays des services signalés, mais une rancune indigne d'un grand esprit t'a aveuglé quand, pour accabler Napoléon III, tu as osé soutenir que la Prusse n'était pas l'auteur véritable de la guerre contre ta patrie, et que Napoléon III était seul coupable. En expiation de ce crime, tu seras chargé d'attacher toi-même au pilori le prince chancelier Bismarck, après en avoir détaché Napoléon Ier.

QUATRIÈME TABLEAU

—

SCÈNE VI.

FLITZ et les Délégués de toutes les Démocraties de l'Europe.

LE GUIDE qui accompagne Flitz. — Nous voici, monsieur l'Américain, sur le mont Terrible. Ces amas de pierres sont les derniers vestiges du camp établi par César après la défaite d'Arioviste. Nous sommes donc bien à l'endroit précis que vous m'aviez désigné. Voyez quel immense et splendide panorama se déroule de tous les côtés devant nos yeux : à notre gauche, la chaine du Jura français et la vallée du Doubs; devant nous, la vallée du Rhin s'étendant à perte de vue; à droite, les montagnes de la Souabe et la forêt Noire; à nos pieds, la Suisse. Nous sommes à cheval sur trois nations. Le spectacle vaut bien les fatigues du voyage. Monsieur a-t-il quelque chose à m'ordonner?

FLITZ, *descendant de cheval.* — **Conduisez les chevaux** dans cet abri de rochers qu'on aperçoit là-bas, et veillez sur eux. (*Arnold arrive avec un guide. Il descend de cheval. Son guide emmène le cheval.*) **Salut, Arnold. L'Allemagne,** en votre personne, arrive la première au rendez-vous. Je vous en remercie, et j'en tire un heureux augure pour le succès de notre entreprise.

ARNOLD. — Salut, Flitz. Le long voyage que j'ai fait pour répondre à votre appel vous prouve bien la confiance que vous avez inspirée aux démocrates-socialistes allemands.

FLITZ. — Et que je m'efforcerai de mériter de plus en plus, car les circonstances deviennent chaque jour plus graves, et le moment approche où la Ligue de l'Union des peuples doit porter les fruits préparés par sa longue et infatigable propagande.

ARNOLD. — J'aperçois au loin, à l'est et au sud, plusieurs hommes à cheval.

FLITZ. — Ce sont les délégués des autres pays, Arnold, que j'ai convoqués ici comme vous, au nom de la Ligue. Nous allons tous chercher, au fond de nos consciences et de nos énergies, le moyen de rendre l'honneur et la paix à la vieille Europe. Nul endroit ne convenait mieux pour ce conseil suprême. Regardez là-bas le Grutli qui vit le serment de Guillaume Tell et de ses compagnons, et d'où partit le flot libérateur de l'indépendance suisse. A notre gauche, voici la France, aujourd'hui calme, prospère, et ayant déjà regagné par le prestige de son exemple le rang élevé que ses fautes encore plus que ses défaites lui avaient fait perdre. Appuyées sur la vue et l'exemple de la France et de la Suisse, nos délibérations auront encore plus d'influence sur leur grande voisine, cette pauvre Allemagne, si éprouvée aujourd'hui et si déchue moralement malgré ses triomphes militaires. En attendant que nos amis arrivent, admirez avec moi, Arnold, les magnificences du lever du soleil. Voyez cette barre de vapeurs grises qui nivelle là-bas les Alpes du Vorarlberg et semble vouloir retarder l'apparition de l'astre. Attendez quelques minutes, et vous verrez si l'astre ne la percera pas de ses rayons étincelants. De même, les divines clartés de la raison dissiperont tôt ou tard les épais nuages qu'entassent la passion et les préjugés nationaux. Cette barre de vapeurs s'est si bien fondue avec la lointaine crête des Alpes qu'il est impossible de distinguer la montagne du nuage et qu'on pourrait, n'était sa parfaite horizontalité, prendre l'un pour l'autre, confondre la vapeur avec le granit. Voici les premiers feux de l'astre. Voyez comme ils percent le rideau gris de l'extrême horizon, montrant ainsi que ce n'étaient que de vaines vapeurs. Le soleil de la justice et du bon sens se lèvera aussi et, transperçant la politique de Bismarck, en montrera l'horrible inanité. Salut, soleil de la terre! ta lumière a trop souvent éclairé des assemblées belliqueuses. Dieu fasse qu'elle brille souvent désormais sur des congrès de paix et de concorde comme le nôtre!

(Les cavaliers arrivent. Les guides emmènent les chevaux. Flitz va serrer la main successivement à chaque délégué. Après quelques mots à demi-voix échangés entre eux, le doyen des délégués prend la parole.)

LE DOYEN. — Amis, puisque la présidence m'est dévolue par le triste privilége de l'âge, je dois d'abord examiner si toutes les démocraties européennes, convoquées par la Ligue de l'Union des peuples, sont ici représentées.

FLITZ. — Je reconnais les délégués de l'Allemagne, de l'Angleterre, de l'Autriche, de la Belgique, du Danemark, de l'Espagne, de la Grèce, de la Hollande, de l'Italie, du Portugal, de la Suède et de la Suisse. Je n'aperçois pas le délégué français.

LE DÉLÉGUÉ SUISSE. — En effet, la France n'a pas envoyé de représentant, mais par des motifs que je suis chargé de vous faire connaître et dont vous apprécierez la justesse. Vous savez, messieurs, le noble exemple que la France donne au monde depuis ses défaites. Elle s'est uniquement consacrée à sa libération intérieure, et, après avoir surmonté bien des obstacles nés de l'aveuglement ou de l'intolérance des partis, elle donne enfin à l'Europe le spectacle d'un grand peuple sachant se gouverner lui-même. Ayant renoncé aux dangereuses in-fluences politiques d'autrefois, elle se trouve en exercer une plus grande encore, sans l'avoir cher-chée, par son désintéressement même. Aux activités exubérantes qui cherchaient autrefois une voie dans la guerre, elle donne une plus noble et plus utile direction, celle de la lutte contre la nature. C'est ainsi qu'elle a ouvert le centre de l'Afrique au com-merce des nations. Or, la France, craignant de froisser le sentiment national du peuple qui est le plus fâcheusement mêlé aux événements actuels, a décliné l'invitation, mais en envoyant au Congrès le tribut de ses vœux et de ses sympathies, et en s'as-sociant à tout ce qui pourra être dit par les repré-sentants de la Suisse et des États-Unis.

LE DOYEN. — La parole est maintenant à l'homme dévoué qui représente à la fois dans cette assemblée a grande république américaine et la Ligue de l'Union des peuples.

ARNOLD. — A vous de parler, Flitz!

FLITZ. — Messieurs, vous avez tous deviné pour-quoi la Ligue de l'Union des peuples vous a convo-qués. Tandis que les rois font battre les peuples, nous voulons, nous, faire notre possible pour opérer leur réconciliation. Les terribles événements de ces dernières années et ceux dont nous sommes encore les témoins, ont mûri l'esprit des nations qui en ont été victimes. Ils ont préparé des transformations qui sans cela pouvaient se faire attendre un siècle. Dans tous les pays d'Europe, la démocratie est sortie aujourd'hui de la période du rêve et de l'utopie pour s'imposer la réflexion et la discipline nécessaires au succès. Même en Allemagne, elle jouit de la considération publique et peut désormais prendre en main la direction des affaires que d'autres dirigent si mal. Il ne lui manque plus que la conscience de sa force. Eh bien, le comité de la Ligue a pensé que la réunion d'aujourd'hui devait contribuer à lui révéler cette force, en même temps qu'elle fournirait aux délégués de toutes les démocraties l'occasion de protester contre les haines internationales et d'affirmer d'une manière éclatante les sympathies réciproques et la solidarité des intérêts de tous les peuples civilisés.

LE DÉLÉGUÉ ANGLAIS.— Pour moi, messieurs, je le déclare bien haut, au nom de l'Angleterre, comme au nom de mon collègue d'Autriche, la guerre que nous soutenons actuellement contre l'Allemagne n'a qu'un but défensif et d'ordre général. Nous avons applaudi à la formation de l'unité allemande, mais nous nous sommes mis en garde quand nous l'avons vue devenir agressive et menacer, contre toute justice, ce noble petit peuple hollandais dont la neutralité est une garantie à la fois pour nous et pour l'Europe entière. Nous avons pris les armes pour le protéger et pour nous défendre nous-mêmes, comme nous les avions prises au commencement du siècle pour briser l'omnipotence napoléonienne. (S'adressant au délégué allemand.) Ce n'est pas aux honnêtes Allemands comme vous, Arnold, et comme tant d'autres, que nous faisons la guerre. Nous visons, en nous défendant, le militarisme prussien, comme nous avons visé autrefois le militarisme français. Nous déplorons du fond de l'âme les coups que, pour sauver la liberté et l'honneur de l'Europe, nous sommes forcés de porter à tant d'innocents fils de l'Allemagne.

ARNOLD. — Je suis forcé de reconnaître, quelque pénible que cela soit pour moi, que le gouvernement de mon pays a contre lui la justice et le sentiment unanime des peuples. Je dois dire aussi, à la louange du peuple allemand, que c'est par une sorte d'abnégation patriotique qu'il continue à soutenir un système dont il comprend mieux que personne les funestes effets. Dès le lendemain de la guerre de France, la démocratie socialiste, éclairée par la voix généreuse du regretté Jacoby, comprit que le peuple allemand payerait cher le triomphe du parti militaire. Elle n'hésita pas à signaler les dangers d'un régime qui faisait de l'Allemagne une vraie machine de guerre fonctionnant constamment et ne pouvant se soutenir que par les chances inespérées résultant de l'aveuglement d'un Bonaparte, d'annexions et de colossales indemnités de guerre. La sagesse des

Français, en trompant les espérances des hobereaux, a obligé Bismarck de chercher ailleurs ce que lui refusait désormais son voisin de l'ouest. Il s'est retourné à l'est et a battu les Russes. Aujourd'hui il s'en prend aux Autrichiens et aux Anglais. L'Allemagne est encore plus fatiguée de cette politique que le reste de l'Europe. L'exécution du courageux Herz a produit une émotion immense, et le temps ne peut être bien éloigné où nous verrons déborder le vase de l'indignation allemande.

Flitz. — Messieurs, nous ne sommes pas de vulgaires conspirateurs, et si la Ligue de l'Union des peuples vous a convoqués pour conspirer en faveur de la paix générale, elle n'entend pas empiéter sur le droit exclusif qui appartient à chaque peuple de régler ses institutions et sa conduite comme il l'entend. La Ligue a pensé cependant qu'il lui était permis de rappeler dans ce congrès combien le système fédératif, dont nous voyons les heureux résultats aux États-Unis et en Suisse, peut contribuer à l'effacement des rivalités entre nations et à l'arrangement pacifique des questions territoriales. Qu'on me permette un exemple. Comment résoudre, sans une nouvelle effusion de sang entre la France et l'Allemagne, la question de l'Alsace-Lorraine? Ouvrez les yeux, et vous apercevrez cette solution dans l'immense carte en relief que la nature expose en ce moment à nos regards. Que signifie cette magnifique échancrure de la vallée du Rhin que Dieu lui-même a tracée des Alpes à la mer? Est-ce pour en faire le théâtre éternel de sanglantes batailles entre deux puissantes nations? Non, quand l'expérience aura assez mûri la raison européenne, Allemands et Français reconnaîtront également la nécessité de faire occuper ce pré aux clercs par un État neutre servant de barrière invincible et réciproque à toute agression nouvelle. Ce nouvel État, vrai berceau de la paix et de la liberté de l'Europe, sera le trait d'union entre les Pays-Bas et la Suisse, désireux de se donner la main pour commencer la grande Confédération des États-Unis d'Europe. C'est un rêve encore, messieurs, mais il dépendra de vous de hâter l'heure où ce rêve deviendra, comme tant d'autres, une belle et puissante réalité.

Le Doyen. — Hélas! Flitz, nous craignons bien que de longues et terribles épreuves nous séparent encore de la réalisation de ce projet. Nous n'en saluons pas moins avec joie cette sublime espérance, et nous voulons l'élever assez haut pour qu'elle soit aperçue de toute l'Europe comme un phare de salut dans les tempêtes futures.

Le Délégué italien. — En attendant que le lien fédératif vienne consacrer la paix entre les États d'Europe, qu'il soit bien entendu que la démocratie repousse, dans tous les pays, la voie des revanches et des moyens violents, qu'elle renonce absolument à l'usage de la force, et qu'elle compte sur l'arbitrage comme moyen unique de résoudre désormais les différends internationaux.

FLITZ. — Sur cette base, que l'Amérique et l'Angleterre ont eu l'honneur d'inaugurer par le tribunal arbitral de Genève, je crois, messieurs, que l'Europe entière peut se donner la main. Il faut qu'un frémissement de liberté et d'espérance coure dans les veines de tous les peuples en apprenant dans quelques jours que les délégués de toutes les démocraties se sont rencontrés et ont conclu l'alliance des peuples sur le mont Terrible, qui s'appellera désormais la montagne de la Paix.

LE DOYEN, s'avançant vers les autres délégués et élevant la main. — Jurons, messieurs, de consacrer toutes nos forces à la suppression des préjugés internationaux, à l'établissement d'une paix durable, à l'inauguration des rivalités pacifiques et fécondes!

TOUS. — Nous le jurons!

CINQUIÈME TABLEAU

—

—

La scène représente une fête populaire. Au fond est un théâtre au-dessus duquel est écrit, en grandes lettres d'or : *le Réveil de Barberousse*. Un invalide portant les médailles de la guerre de France et de la guerre de Russie est assis devant un orgue de Barbarie où il joue avec fureur l'air national : *Wacht am Rhein*. D'autres invalides font faction. Le rideau se lève. On voit Barberousse, revêtu de tous les ornements impériaux, couché dans une grotte. Sa barbe, qui a poussé pendant un sommeil de plusieurs siècles, couvre le sol comme un tapis à raies blanches et rouges. Tout à coup le canon tonne au loin. L'Empereur se réveille. Des gnomes, à capuchon rouge, sortent par les fissures du rocher et se précipitent autour de lui.

SCÈNE VII.

ARNOLD, autres Personnages, puis plus tard Madame WALTER et WILHELMINE.

BARBEROUSSE. — Quel est ce bruit? Le grand chasseur de corbeaux est-il enfin arrivé?

Un Gnome. — Que voulez-vous, monseigneur?

BARBEROUSSE. — Allez voir si les corbeaux volent toujours au-dessus de la forêt de sapins.

(Les gnomes partent. Ils arrivent bientôt après portant des cadavres de corbeaux qu'ils agitent dans l'air avec des danses folles. Le canon tonne de nouveau. Le rocher s'entr'ouvre, et dans les splendeurs d'un feu de Bengale apparaît l'empereur Guillaume, avec le casque à pointe et tenant à la main les sceptres brisés de l'Autriche, de la France et de la Russie, qu'il jette par terre. Barberousse l'embrasse, lui remet son épée, sa couronne impériale, et se rendort. Quelques personnes dans la foule applaudissent. D'autres en plus grand nombre sifflent. Vives discussions entre assistants. La voix d'un ouvrier domine le tumulte.)

Un Ouvrier. — Ces histoires étaient bonnes pour autrefois. Mais c'est assez longtemps surexciter le peuple allemand au moyen de certains souvenirs historiques pour lui faire oublier les **maux** présents et les griefs sérieux. Courtisans, laissez dormir en paix le vieux Barberousse et engagez son successeur à mieux gouverner! (Applaudissements.)

Un des Assistants. — Avez-vous des nouvelles de la guerre de Hollande, herr professor ?

Un Autre.— Oui ; nos troupes occupent les principales villes ; mais, grâce à la difficulté des communications résultant de la rupture des digues, elles sont harcelées sans cesse par des bandes de partisans que soutient et que recueille pour les débarquer ailleurs la flotte anglaise. En somme, bien qu'il n'y ait pas de bataille, la guerre est très-meurtrière pour nous.

Le Premier. — Et en Autriche?

Le Second. — Nous sommes aussi vainqueurs de ce côté. Mais ce ne sont plus les succès foudroyants de Sedan et de Sadowa, et nul ne peut encore prévoir la conclusion désirée de la p ix, d'autant plus que l'attitude des puissances neutres devient de jour en jour plus suspecte.

LE PREMIER. — Que Dieu protége l'Allemagne!

ARNOLD. — Avez-vous remarqué, mein Herr, ce qui se passe dans un vivier où l'on met un brochet?

UN ASSISTANT. — Oui, il mange tous les autres poissons.

ARNOLD. — Eh bien, la différence entre les poissons et les hommes, c'est que ceux-ci finissent toujours, à un moment donné, par se réunir contre le brochet et le mangent à son tour. Ne trouvez-vous pas que cet apologue mis sur la scène aurait plus d'actualité que le Réveil de Barberousse?

L'OUVRIER, à Arnold. — Maître, je crois que le temps est venu de mettre un terme à ces stupides représentations. J'ai l'idée d'un drame nouveau — et voici un de mes collaborateurs.

(Il se baisse vers un invalide sans jambes qui se traîne par terre, et, l'élevant dans ses bras, le présente à Arnold.)

ARNOLD. — Je reconnais cette figure. C'est mon ancien ouvrier, Philip, celui que rendait si joyeux la perspective de la guerre contre les Français.

PHILIP. — Hélas! maître, je suis bien puni; c'est un obus français qui m'a emporté les deux jambes.

ARNOLD. — Et comment vis-tu maintenant?

PHILIP. — On ne va pas loin avec les maigres pensions du gouvernement. J'utilise mes petits talents en jouant dans les théâtres de saltimbanques.

ARNOLD. — Artiste de théâtre! un homme sans jambes.

L'OUVRIER. — Philip dit vrai. Il n'a pas son pareil comme chien et ventriloque. Vous allez voir.

(L'ouvrier porte Philip sur le bord du théâtre populaire et l'y installe avec soin. Philip se grime avec divers objets qu'il tire de ses poches et se fait un museau de chien. Puis il commence par aboyer pour attirer les spectateurs. Pendant ce temps, l'ouvrier avec d'autres socialistes va frapper violemment à la porte latérale du théâtre populaire. L'impresario qui représentait naguère l'empereur Guillaume sort tout costumé. Les socialistes s'emparent de lui et l'emmènent de force dans une brasserie, tandis que l'ouvrier et ses camarades pénètrent dans l'intérieur du théâtre et préparent une nouvelle représentation. Bientôt l'annonce : *Réveil de Barberousse* est remplacée par celle de : *Réveil de Germania.* Philip aboie violemment. Les spectateurs affluent. Grande agitation.)

DURAND, de son avant-scène.— C'est la révolution allemande qui commence par le théâtre.

LE VENTRILOQUE, dont la voix semble sortir de dessous terre. — Attention!

(Les gnomes reviennent sur les tréteaux. Germania apparaît, une couronne d'or sur la tête et le corps entier enveloppé d'un immense manteau qui lui couvre même la figure. On n'aperçoit que ses yeux étincelants. Elle marche, et on entend un cliquetis sous sa robe. Barberousse se réveille)

BARBEROUSSE. — Quel est ce bruit? Est-ce le bruit des clefs de saint Pierre que tu apportes?

GERMANIA, d'une voix caverneuse, — celle du ventriloque. — Non!

BARBEROUSSE. — Est-ce le bruit des milliards français?

GERMANIA. — Non.

BARBEROUSSE. — Est-ce un nouvel engin de guerre?

GERMANIA. — Non.

BARBEROUSSE. — Qu'est-ce donc?

GERMANIA. — C'est le bruit de mon squelette.

(Elle ouvre son manteau, découvre sa figure, et l'on aperçoit qu'elle n'a que les os, avec une lumière funéraire dans le crâne. Elle s'arrache un bras et va frapper le rocher avec ses ossements. Il en sort une fée.)

Bonne fée, sauve-moi! Dis au fils de l'empereur Guillaume que ce n'est pas en écoutant de perfides conseillers qu'il fera le bonheur du peuple allemand. Ce ne sont plus des conquérants qu'il me faut, ce sont des souverains libéraux et pacifiques, ne donnant leur confiance qu'à des honnêtes gens.

(Bravos enthousiastes parmi les assistants.)

UN SOCIALISTE. — Le squelette dit vrai, mais il ne dit pas tout. Qu'avez-vous fait pour le peuple allemand, gouvernants maudits, depuis qu'il a vaincu l'*erbfeind* et les autres ennemis extérieurs? En est-il devenu meilleur et plus heureux? A-t-il monté dans l'estime de l'Europe? Rien de tout cela. Les milliards nous ont corrompus. Les vices que le succès a développés nous ont appauvris. Et nos victoires, autant que notre orgueil, ont changé en haines, défiances et jalousies, les sympathies dont nous jouissions autrefois. On nous a saturés de gloire militaire. Mais nous ne voulons plus de ce foin dont les ambitieux nourrissent la bête humaine.

Le peuple allemand aspire à de plus nobles conquêtes : à la liberté d'abord, dont les vaincus jouissent et dont les vainqueurs sont privés. Il ne veut pas qu'un homme ou une caste puisse le précipiter en guerre avec qui que ce soit. Il ne peut applaudir chez l'empereur d'Allemagne ce qui le révoltait si fort chez l'empereur des Français. Il veut un gouvernement qui s'occupe de résoudre les questions intérieures, qui favorise le travail, vienne en aide aux classes pauvres, diminue les misères imméritées, élève le niveau moral du pays, et non point un gouvernement qui ne voit dans le peuple qu'une force à discipliner et à faire manœuvrer comme un instrument de domination extérieure. Nous ne voulons plus de ce militarisme effréné qui ne rêve que plaies et bosses, dont la classe laborieuse reçoit naturellement la plus grosse part, tandis que les Français vaincus trouvent dans une politique complétement opposée le calme et la prospérité qui nous ont quittés. Nous ne voulons pas que l'étranger confonde ce militarisme et ceux qui en personnifient le caractère brutal avec le génie même de l'Allemagne. L'Allemagne aime réellement la paix, la science et les arts, comme on le croyait autrefois ; elle aime aussi la liberté, et rien de ce qui est humain ne lui est étranger. C'est pour cela qu'elle ne peut plus tolérer l'exécrable coterie qui la domine, l'opprime et la déshonore. Et voilà, messieurs, en quoi se résument les idées de ce parti de l'Union allemande que nos gouvernants calomnient parce qu'ils le redoutent, mais qui est déjà celui de l'immense majorité de la nation allemande.

VOIX NOMBREUSES. — C'est cela. Bravo! Vive la paix ! Vive l'Union allemande !

SCHWARTZ. — Par Gambrinus, ce socialiste parle sensément !

LE VENTRILOQUE. — Attention !

(Une ombre sort du rocher. Elle a la corde au cou. **Frémissement dans l'auditoire.**)

PLUSIEURS VOIX. — C'est Herz !

AUTRE VOIX. — Le premier martyr de l'Union allemande !

L'OMBRE, voix du ventriloque. — Voyez-vous là-bas, frères allemands, ces monceaux d'os blanchis ? Ce sont les hécatombes de Guillaume. Il y en a pour bâtir un palais. Mais, grâce à Bismarck, avec les hécatombes du fils, on pourra bientôt bâtir une ville !

ARNOLD. — Salut, ombre chère ! Le souvenir de ta mort glorieuse vivra éternellement dans tous les cœurs germaniques, car il a marqué le premier réveil contre un système et une dynastie funestes. Hobereaux et docteurs, vous vous êtes par trop moqués du peuple allemand. Craignant de le voir exercer à votre égard les revendications légitimes, vous l'avez lancé au dehors dans toutes les directions, à la poursuite des chimères d'ambition et de gloire qui ont tant de fois fait pleurer à l'Europe des larmes de sang. Vous avez perverti l'éducation de la jeunesse en lui inculquant un patriotisme étroit et exclusif d'où découlent la conquête sauvage et la haine des peuples voisins. Bismarck a couronné cette politique impie autant que dangereuse en foulant aux pieds les progrès accomplis dans l'esprit des peuples et en rétablissant purement et simplement le droit de conquête, — la loi du plus fort, que l'on croyait depuis cinquante ans morte et enterrée. Le gouvernement a ainsi manqué à la première des obligations d'un gouvernement civilisé. Il a déshonoré et compromis l'Allemagne. Il a déchainé de nouveau la violence dans le monde. Si l'Allemagne des docteurs et des hobereaux approuve cette belle politique, qui serait simplement le triomphe de la brute sur l'intelligence et la justice, l'Allemagne démocrate-socialiste, l'Allemagne libérale, proteste hautement, comme elle protestait déjà en 1870 par la voix du vénérable Jacoby, comme elle vient de protester récemment par le martyre de Herz. Un jour viendra où ces protestations sauveront l'honneur de l'Allemagne et lui vaudront, de la part du monde civilisé, une indulgence à laquelle elle n'aurait pas droit si elle s'était réellement identifiée avec les doctrines sauvages de ses gouvernants actuels.

Schwartz. — Encore un socialiste qui parle juste. Je voudrais bien savoir ce que pourrait répondre le docteur Fürst.

Un autre Assistant. — On nous a donné l'unité allemande. Mais qu'est-ce que cette unité jusqu'à présent? Une forêt de baïonnettes formant de Constance à Kœnigsberg une haie de fer au dedans de laquelle le peuple allemand se presse,—semblable à un troupeau effrayé. Cette unité peut convenir à un officier de la garde prussienne, mais non pas à un patriote libéral. Ce n'est pas pour cette unité affamée par des droits protecteurs, violentée par d'iniques règlements, privée même du vote annuel du budget, — ce qui n'a lieu dans aucun autre État civilisé, — ce n'est pas pour cette unité que le peuple allemand a versé son sang. Sans la liberté, l'unité n'est qu'un moyen d'oppression plus efficace.

(Bravos enthousiastes.)

Voix. — Vive la liberté! Vive l'Union allemande!

Schwartz. — Oui, vive la liberté! Vive l'Union allemande!

Le Ventriloque. — Attention!

(Hans Wurst apparaît sur la scène avec un casque pointu et les traits de Bismarck. Il porte une massue et assomme successivement le roi de Danemark, l'empereur François-Joseph, Napoléon III et l'empereur de Russie qui passent devant lui. Hans Wurst s'acharne sur leurs corps et les frappe encore après qu'ils ne donnent plus signe de vie.)

LE VENTRILOQUE. — A qui le tour?

(François-Joseph se relève, et le roi d'Angleterre apparaît près de lui. Hans Wurst se précipite sur eux, mais il s'aperçoit que sa massue s'est usée et qu'il n'a plus en main qu'un vulgaire bâton. Il regarde autour de lui, cherchant une autre arme, sans en trouver aucune. Trois fantômes blancs, qu'on a déjà vus au quatrième acte, apparaissent, occupant le fond et les deux côtés du théâtre. Hans Wurst paraît inquiet.)

LE VENTRILOQUE. — Tu as peur, Hans Wurst?

HANS WURST. — Non.

(Les ombres se rapprochent. Hans Wurst les frappe, mais son bâton se brise.)

UN ASSISTANT. — Quelles sont ces trois ombres, mein Herr?

UN AUTRE. — Ne serait-ce pas les trois Parques?

ARNOLD, solennellement. — Ce sont la Justice, le Bon Sens et l'Humanité, qui finissent toujours par triompher.

(Les trois fantômes lèvent le bras droit. Aussitôt, de tous les points de l'horizon, arrivent des foules d'êtres humains, précédés, comme les troupeaux, d'un nuage de poussière. Du milieu de la poussière, apparaissent d'abord les têtes, — des têtes de morts dont les yeux démesurément ouverts expriment encore les angoisses et l'effroi de la dernière heure. Ces têtes sont coiffées de casques prussiens, de képis français, de casquettes militaires russes, autrichiennes, danoises et anglaises. A mesure que la poussière tombe, on s'aperçoit que ces têtes portent sur des squelettes animés. Une ronde s'organise. Chaque Allemand donne la main à deux étrangers, et l'on entend un horrible cliquetis d'ossements qui va toujours croissant. La ronde se rapproche, et ses interminables anneaux rétrécissent de plus en plus l'espace où Hans Wurst se tient debout avec son bâton.)

LE VENTRILOQUE. — Regarde bien, Hans Wurst!

Ce n'est encore que la cent millième partie de tous ceux que tu as fait tuer !

(La ronde infernale redouble de vitesse. Le cliquetis des os devient un groudement, puis un effroyable mugissement. C'est une vraie tempête qui s'enroule autour de Hans Wurst, le serre, l'écrase et finalement s'engouffre avec lui dans le sol, au milieu des éclats du tonnerre.)

Un Agent de police, se précipitant vers le théâtre. — C'est un spectacle séditieux et antipatriotique. Au nom de l'Empereur, je dois l'empêcher !

Le Ventriloque.— Au nom du peuple allemand, tais-toi, ou tu es mort !

(L'agent recule épouvanté.)

Voix. — A bas les tyrans ! Vive le peuple allemand ! Vive l'Union allemande !

(Grande agitation populaire. La famille Walter se détache de la foule. Madame Walter et Wilhelmine, en deuil, mènent par la main des enfants également vêtus de deuil.)

Wilhelmine. — Voilà nos fêtes maintenant ! Ah ! quelle différence avec les temps d'autrefois ! O maudite politique, fléau des mères et des épouses, tu m'as pris mon mari, mais tu m'avais pris mon bonheur bien avant sa mort. Didier détestait d'autant plus l'Allemagne qu'il avait cru de bonne foi à ses sentiments pacifiques. J'ai porté la peine de sa cruelle déception, et je crois qu'elle n'a pas peu contribué à hâter sa fin.

Madame Walter. — Trois de tes frères vivraient

encore sans elle, et il n'y a pas une famille allemande qui ne lui ait payé un lourd tribut de douleur et de sang.

WILHELMINE. — Avez-vous des nouvelles de Petrus, ma mère ?

MADAME WALTER.— Oui, il supporte patiemment la prison où l'a jeté un ordre du chancelier. Malgré la loyauté de sa conduite et le dévouement qu'il n'a cessé de professer pour l'Empereur, le gouvernement ne lui pardonne pas sa courageuse franchise et s'obstine à voir en lui le chef de l'Union allemande.

WILHELMINE. — J'ai reçu ce matin de Paris une lettre qui lui est destinée autant qu'à moi et qu'il faudra lui faire parvenir, si c'est possible. Ce sera une triste et douce lueur dans sa prison. Je suis encore tout émue de sa lecture.

MADAME WALTER. — De qui est-elle ?

WILHELMINE.— De Louise de Montalban. Écoutez, ma mère. (Elle lit.) « Ma chère Wilhelmine, avant de quitter le monde, je vous envoie mon dernier adieu. Dans une heure, j'aurai prononcé mes vœux solennels. A partir de ce moment, je n'aurai plus qu'une pensée : prier Dieu pour qu'il éclaire les pauvres humains et leur inspire des résolutions plus sages que celles dont tant d'innocents ont été victimes. J'ai appris avec bonheur que votre frère, le général Walter, était revenu à un patriotisme moins exclusif et qu'il avait adressé de courageuses paroles à l'Empereur, non-seulement pour le détourner d'une nouvelle guerre, mais encore pour l'engager à chercher un moyen de réparer l'iniquité commise envers la France. J'emporte dans ma retraite l'espérance que la sagesse divine continuera à le guider, et que cette horrible haine, qui sépare deux généreuses nations, se dissipera sous l'influence des hommes qui, comme lui, auront reconnu l'injustice de la politique de violence et l'inanité de la gloire militaire. Transmettez mon adieu amical à votre excellente famille. Ils sont rares, les témoignages sympathiques envoyés de la nation vaincue à la nation qui a si durement usé de son droit de vainqueur. On n'en comprendra que mieux chez vous combien les rigueurs de votre gouvernement à l'égard de ma patrie ont été coupables. Des jours meilleurs viendront. Je prie Dieu que mon sacrifice hâte la réconciliation des deux pays. Adieu, vous que j'ai failli nommer ma sœur. Adieu pour jamais! — Louise DE MONTALBAN. »

(Wilhelmine et sa mère éclatent en sanglots.)

MADAME WALTER. — Ah! ma fille, voilà un de ces mille petits faits où la France réalise noblement ses menaces de revanche. Voilà comment le remords pénètre au cœur des Allemands dont une vaine gloire n'a pas étouffé la conscience. Nous sommes peut-être supérieurs aux Français par les armes, mais ils nous valent bien par les qualités de l'esprit et du cœur, et je crains que l'Allemagne ne soit un jour cruellement punie de l'orgueil de ses gouvernants.

(Une grande démonstration populaire traverse la place aux cris de Vive l'Union allemande ! Vive le général Walter !)

WILHELMINE. — Voilà ce que Petrus voulait prévenir en donnant à l'Empereur les sages conseils qui lui ont valu la perte de sa liberté. Une pareille agitation dans une population aussi paisible que la nôtre est le présage de graves événements. Je pressens, ma mère, qu'il ne sera bientôt plus permis au Prince Chancelier de commettre de nouvelles folies.

SIXIÈME TABLEAU

—

AU PALAIS DE L'EMPEREUR

———

SCÈNE VIII.

L'EMPEREUR et BISMARCK.

L'EMPEREUR. — Voilà, prince, de graves incidents auxquels je ne m'attendais pas. Au moment où l'Autriche et l'Angleterre, à moitié vaincues, vont être obligées d'accepter nos conditions de paix ; au moment où l'Allemagne, maîtresse de la Hollande et de Trieste, a enfin le pied sur toutes les mers européennes, nous nous heurtons à des difficultés aussi graves qu'imprévues. Est-il vrai que les libéraux et les démocrates se soient entendus sur le nom du général Walter pour faire de son élection de député à Berlin une éclatante démonstration contre le gouvernement

BISMARCK. — Je le crains, Sire.

L'EMPEREUR. — On me dit que les démocrates-socialistes ont déployé dans ces derniers temps une activité inimaginable pour soulever l'opinion publique contre nous, et que leurs menées antinationales, aidées par les souffrances passagères qu'entraine toute guerre, commencent à égarer nos populations autrefois si patriotiques.

BISMARCK. — Cela est vrai, Sire.

L'EMPEREUR. — Est-il vrai enfin que nous soyons en présence d'une sorte de ligue tacite de toutes les puissances neutres tendant, au moyen d'une abstention systématique, à nous isoler et à nous paralyser dans notre triomphe?

BISMARCK. — C'est encore vrai, Sire; mais la situation, quoique sérieuse, n'est pas au-dessus de nos forces.

L'EMPEREUR. — Que faut-il faire, prince?

BISMARCK. — Déployer d'abord à l'intérieur une vigueur qui fasse trembler les plus mutins. Les démocrates-socialistes nous menacent. Il y a longtemps que je suis leurs menées avec attention. L'agent principal de cette conspiration internationale est un Américain nommé Flitz, le même qui, s'autorisant de son origine allemande et de la recommandation banale d'un ancien diplomate américain, osa, le jour même de la victoire de Sedan, me donner des conseils sur les conditions de la paix. J'ai donné l'ordre d'arrêter cet intrigant, ce traître à sa patrie, et je l'enverrai rejoindre en prison le général Walter, en attendant de les faire fusiller tous deux, si Votre Majesté le permet. Nous verrons si, après cela, les socialistes oseront encore désigner des traîtres pour leurs candidats.

L'EMPEREUR. — Cela fera-t-il cesser cette abstention générale de la diplomatie européenne, qui est le fait le plus inquiétant pour nous ?

BISMARCK. — Oui, Sire. La diplomatie a des allures douteuses, presque hostiles, parce qu'elle nous suppose faibles, parce qu'elle a cru voir dans l'élection de Walter, qui, d'ailleurs, n'est pas un fait accompli, l'indice de la désaffection du pays. Qu'elle nous sente forts : elle nous respectera, elle nous adulera même, comme après toutes nos grandes victoires. (Un officier apporte une dépêche qu'il remet à Bismarck. Celui-ci, après l'avoir lue, la passe à l'Empereur.) Lisez vous-même, Sire !

L'EMPEREUR, après lecture. — Walter élu et une émeute dans notre capitale ! Les bourgeois de Berlin voudraient faire reculer le fils de l'empereur Guillaume, le vainqueur de la France et de la Russie !

(On apporte une autre dépêche.)

BISMARCK, lisant. — Les factieux ont forcé les portes de la prison, et ils promènent Walter en triomphe dans les rues de Berlin.

L'EMPEREUR. — Donnez immédiatement les ordres les plus sévères, prince. Que la loi martiale soit proclamée, et qu'on fasse un exemple terrible des meneurs !

BISMARCK. — Soyez tranquille, Sire. Vous n'avez pas affaire à un ministre parlementaire de Napoléon III. Ce soir, l'ordre régnera à Berlin. Revenons à un sujet plus grave. L'Europe entière nous menace. Il faut qu'elle recule épouvantée devant notre énergie. Nous avons déjà senti ses velléités de révolte à la fin de la guerre de France. La fermeté menaçante de notre attitude refoula dans sa bouche les sympathies qu'elle se disposait à manifester en faveur du vaincu. Il en sera de même cette fois.

L'EMPEREUR. — Et si elle ne recule pas, l'Allemagne saura trouver dans l'énergie de son patriotisme, dans la fermeté et le génie de ses hommes d'État et de ses généraux, le moyen de vaincre une coalition européenne.

BISMARCK. — Sire, vous parlez comme un grand prince. Le langage de votre diplomatie sera digne du vôtre !

SCÈNE IX.

BISMARCK, puis FLITZ.

BISMARCK. (Il écrit, puis appelle un secrétaire et lui remet un papier.) — Portez ceci vous-même immédiatement au commandant militaire de Berlin, et qu'il exécute l'ordre impérial dans toute sa rigueur.

UN OFFICIER. — Excellence, un homme qui se dit Américain demande à vous parler pour affaire pressante.

BISMARCK. — Qu'on l'introduise.

(Flitz entre.)

FLITZ. — Je suis, prince, l'Américain Flitz dont vous avez ordonné l'arrestation. J'ai voulu épargner cette peine à vos agents, et me voici. Voulez-vous me permettre de vous demander le motif de la mesure que vous avez cru devoir prendre à mon égard ?

BISMARCK. — J'ai donné l'ordre de vous arrêter, monsieur, parce que vous conspirez contre l'ordre établi en Allemagne, parce que vous êtes en relations intimes et constantes avec les plus dangereux ennemis de l'Empereur et du gouvernement.

FLITZ. — Vos agents, prince, vous ont mal renseigné. Je suis, il est vrai, en relations amicales avec des Allemands qui combattent votre politique, mais je ne conspire pas, et ce que je leur dis, je suis prêt à vous le répéter ici à vous-même si vous le désirez.

BISMARCK. — Voyons donc ce que vous leur dites.

Flitz. — Voulez-vous me permettre auparavant de rappeler à Votre Excellence l'entretien que j'eus l'honneur d'avoir avec elle le soir même de la bataille de Sedan?

Bismarck. — Je ne l'ai pas oublié. Vous vous permites de me donner des conseils...

Flitz, continuant la phrase.—.... qui n'eurent aucun succès. Si je vous rappelle cet incident, Excellence, c'est parce qu'il me semble évident que la situation critique où se trouve aujourd'hui l'Allemagne n'existerait pas si vous aviez écouté les conseils que vous donnait alors un Néo-Américain dans l'intérêt de l'Allemagne, son ancienne patrie. Comment n'avez-vous pas compris que vos victoires mêmes devaient rendre plus irrésistibles les besoins de liberté du peuple allemand? Vous accusez les démocrates-socialistes : il est assez naturel cependant qu'ils combattent votre politique, puisqu'elle est contraire à leurs principes. J'ai pu exprimer mes sympathies pour eux, mais sans m'associer à leur propagande. J'ai pu dire aussi, et je saisis volontiers l'occasion de vous le répéter, que l'action des adversaires du gouvernement serait bien faible si elle ne répondait pas au sentiment et à l'intérêt publics, si cinq grandes guerres successives en vingt ans n'avaient pas irrité, ruiné et décimé outre mesure le peuple allemand.

Bismarck. — Vous confirmez vous-même par cet

insolent langage les accusations dont vous étiez l'objet. Gardes, que l'on arrête cet homme!

(Au moment où l'ordre va être exécuté, Trübe arrive tout effaré avec quelques officiers.)

TRUBE. — Excellence, vos ordres ont été exécutés. Cinq des meneurs ont été saisis et fusillés. Les autres ont pris la fuite.

BISMARCK. — C'était le seul moyen de rétablir l'ordre.

TRUBE. — Le désordre, c'est-à-dire l'agitation bruyante, a cessé, en effet; mais l'ordre qui lui a succédé n'est rien moins que rassurant. De toutes les parties de la ville arrivent des groupes compactes qui se dirigent vers le palais.

BISMARCK. — Quels cris profèrent-ils?

TRUBE. — Aucun.

BISMARCK. — Qu'on tire sur eux!

TRUBE.—Ils sont sans armes, et les troupes refusent de tirer. L'Empereur est allé au-devant d'eux, et il a été accueilli...

BISMARCK. — Par des vivat?

TRUBE. — Non, par un silence glacial plus insultant et plus significatif que des cris séditieux. Voici Sa Majesté elle-même qui pourra vous le raconter.

SCÈNE X.

L'EMPEREUR, BISMARCK. (TRUBE, FLITZ, Officiers dans le fond du théâtre.)

L'EMPEREUR, rentrant pâle et défait, fait un signe, et tous les autres personnages se retirent au fond du théâtre. — Prince, la situation est plus grave que je ne le croyais. J'ai voulu en juger par moi-même, et vous savez déjà, sans doute, ce qui s'est passé. On peut toujours lutter contre une révolte armée, mais que faire contre des masses silencieuses et sans armes?

BISMARCK. — Le moyen est bien simple. (Il appelle un officier.) Donnez l'ordre au commandant des pompiers de Berlin de faire jouer les pompes contre les factieux. Puisqu'ils déjouent le feu, ils auront de l'eau.

L'OFFICIER. — Hélas ! Excellence, tous les pompiers sont avec les factieux.

UN AUTRE OFFICIER, arrivant. — Sire, les émeutiers ont envahi l'arsenal et sont maîtres aujourd'hui de la plus grande partie de Berlin. Partout les troupes restent immobiles, faisant moralement cause commune avec la révolte. Le palais impérial va être cerné. Le télégraphe est coupé. C'est à peine si j'ai pu passer pour vous apporter ces deux dépêches du ministre de la guerre.

L'EMPEREUR, lisant la première dépêche. — « Le corps d'armée allemand qui avait débarqué en Angleterre a été obligé de capituler sans conditions. »

BISMARCK, lisant l'autre dépêche. — « Les Autrichiens, faisant un vigoureux retour offensif, ont battu l'armée allemande près de Prague. » O fortune ennemie, tu triomphes au moment où nous allions mettre le couronnement à la grandeur de l'Allemagne !

DURAND, de son avant-scène. — Ce langage rappelle forcément l'histoire du meunier qui, ayant perdu son âne parce qu'il avait voulu l'habituer à vivre sans manger, s'écriait : Quel malheur qu'il soit mort au moment où il commençait à s'y habituer !

BISMARCK, se redressant. — Il est impossible que l'Empereur d'Allemagne et le chancelier de l'Empire tombent comme un gouvernement vulgaire. Je vais me mettre moi-même à la tête du détachement de troupes qui garde le palais, — et nous verrons si les factieux oseront avancer !

UN OFFICIER, arrivant.— Sire, les masses compactes qui entourent le palais viennent de s'ouvrir pour livrer passage au corps diplomatique, lequel, ayant appris l'arrestation d'un sujet américain, s'est joint spontanément au ministre d'Amérique pour venir réclamer sa mise en liberté.

BISMARCK. — Permettez-moi, Sire, de leur répondre.

(Les ambassadeurs entrent d'un côté, tandis que les délégués de la population de Berlin entrent de l'autre. Bismarck garde un air hautain et méprisant, en attendant que les ambassadeurs prennent la parole. Mais Arnold, qui est à la tête de la députation berlinoise, intervient.)

ARNOLD, montrant aux ambassadeurs l'Empereur et Bismarck.— Ce n'est plus à ces hommes qu'il appartient de parler et d'agir au nom de l'Allemagne. Il n'y a plus ici, messieurs les ambassadeurs, d'Empereur d'Allemagne ni de prince chancelier; il n'y a que des tyrans détrônés à qui le peuple allemand demande déjà un compte sévère d'une conduite qui a attiré sur lui les justes ressentiments de l'Europe entière. La dynastie des Hohenzollern s'est écroulée, comme celle des Bonaparte en France, sous le coup de l'indignation nationale et sur les ruines de la patrie. L'Union allemande sera proclamée ce soir à Berlin, et demain dans toute l'Allemagne. L'Europe, nous l'espérons, n'abusera pas de sa victoire, comme ces hommes l'ont fait à diverses époques, et elle dictera une paix sérieuse permettant cette fois aux peuples de se donner la main.

CRIS DANS LA FOULE.— Vive la paix! Vive l'Union des peuples! Vivent les États-Unis d'Europe!

(Le rideau tombe.)

FIN DU CINQUIÈME ACTE.

ÉPILOGUE

Un ALLEMAND.
DURAND.
JOHNSON.

ÉPILOGUE

Un Allemand, dans l'auditoire. — Votre dénoûment, monsieur Johnson, témoigne de votre belle âme; mais, permettez-moi de vous le dire, il fourmille d'invraisemblances. Ah! vous croyez que les choses se passeront aussi doucement que cela en Allemagne! Vous ne connaissez pas les Allemands. Je dis plus, vous ne connaissez pas les passions humaines. Guillaume et Bismarck ont élevé un puissant empire. Ils ont réuni, pour écraser l'Autriche d'abord, puis la France, une foule d'éléments qui, éparpillés entre les diverses principautés, ne connaissaient pas leur force, mais qui tôt ou tard l'emploieront contre ceux qui la leur ont révélée. L'Allemagne unie est un enfant terrible qui mangera son père. Attendez le jour des revers pour l'Allemagne, — et il est malheureusement certain que ce jour viendra, — et vous verrez si la dynastie des Hohenzollern paye les fautes de Guillaume et Bismarck moins cher que Louis XVI a payé celles de ses prédécesseurs. Ah! pauvre prince impérial d'Allemagne, toi dont on vante la noblesse de sentiments, l'honnêteté et l'humeur pacifique, que je te plains, et quel lourd héritage tu auras à porter !

DURAND, de son avant-scène. — Pour moi, ami Johnson, je m'abstiendrai de discuter votre dénoûment. Laissez-moi seulement vous remercier de la bonne opinion que vous avez de mon malheureux pays. Je crois, avec vous, qu'en France comme en Allemagne, le bon sens finira par prendre le dessus ; mais je crains que cela ne se fasse attendre longtemps. Polichinelle européen a la vie plus dure que vous ne pensez, et sa mort, qui ne vous coûte à vous qu'un trait de plume, coûtera probablement aux peuples européens de longs et douloureux sacrifices.

JOHNSON. — Vous venez de prononcer, mon digne ami, le mot qui est le secret de l'histoire, comme il est le fondement de la sainte religion qui a civilisé le monde. Je ne sais pas si Celui qui dirige les destinées de la race humaine voudra bien confirmer les prévisions par lesquelles j'ai essayé de compléter cette *Comédie politique,* mais je sais bien que je suis l'interprète fidèle de sa sagesse en montrant dans le sacrifice humble et souvent ignoré, plutôt que dans l'emploi habile de la force, le grand ressort de la transformation des sociétés. Les aimables ladies et les honorables gentlemen qui nous ont prêté jusqu'ici leur attention, comprendront mieux maintenant le dernier mot du drame qui est celui-ci :

Le général Walter, élu président de l'Union allemande, apprend que Louise est morte le jour même où la chute de la dynastie des Hohenzollern venait enfin permettre aux peuples européens de consacrer aux travaux de la paix toute leur activité et toutes leurs ressources, uniquement consacrées jusque-là à se disputer et à s'entr'égorger.

———

(Le rideau se relève, et on aperçoit le tableau de la fin représentant Louise montant au ciel et souriant à Germania et Gallia heureuses, réconciliées et se donnant la main par-dessus la vallée du Rhin neutralisée et constituée en État libre.)

FIN.

PARIS. TYPOGRAPHIE DE E. PLON ET Cie, RUE GARANCIÈRE, 8.